DER MENSCH
SEIN HAUS
DAS GLÜCK

DER MENSCH SEIN HAUS DAS GLÜCK

Aphorismen, Sprichwörter und
literarische Sentenzen
zu Architektur und Wohnen

Herausgegeben von
Dietmar Keller und Hans Wielens
Die Bildauswahl besorgte
Kasper König

Coppenrath Verlag Münster

Band Nr. 1
Edition Deutsche Bank Bauspar AG
„Bauen und Wohnen"

ISBN 3-88547-986-9

Einbandgestaltung: Thomas Steinkämper
Gesetzt aus der Bauer Bodoni durch
Fotosatz Münsterland, Münster
Lithographie: mad Offset Reproduktions GmbH, Münster
Druck: Sigma Druck, Steinfurt

INHALT

M. v. D. R.

VORWORT

Die Bedeutung des Wohnens und Bauens von Häusern, Dörfern und Städten für die Menschen eröffnet sich leicht, wenn man auf Sprichwörter und Volksweisheiten hört:

- In seinem Haus ist selbst der Arme ein Fürst
- Man sieht's am Nest, was für ein Vogel drin wohnt
- Kommt das Glück des Hauses, so kommt das Glück der Welt
- Durch Weisheit wird ein Haus gebaut und durch Verstand erhalten
- Das Haus ist klein, aber das Herz ist groß
- Manches Haus zeigt, wie man kein Geld an ihm gespart, sondern nur Verstand
- Die Eintracht baut das Haus, die Zwietracht reißt es nieder
- Hat man die Häuser zerfallen lassen, so sucht man die Ruinen zu erhalten

Die Geschichte des Wohnens und Bauens ist die Geschichte des Menschen. Die Wohnung, ob in Form der Erd- oder Felsenhöhle, des Baumhauses, der Pfahlbauten, des Zeltes oder eines Einfamilienhauses ist für den Menschen die dritte Haut, die ihn schützt vor den Unbilden der Witterung und vor sonstigen Gefahren. Wohnungen, Häuser, Dörfer und Städte sind Wegweiser aus der Vergangenheit in die Zukunft. Mit jedem Haus, das wir bauen, denken wir an die Zukunft, an die Wohnung für uns und unsere Kinder. Viele Generationen vor uns haben einen Teil der Welt, in der wir heute wohnen, beeinflußt und gestaltet, und viele Generationen werden in der Welt leben müssen, die wir heute durch unsere Wertvorstellungen verändern und baulich neu konzipieren.

Für jemanden, der sich beruflich mit der Finanzierung von Häusern und Wohnungen befaßt, liegt es nahe, sich intensiver und über die Tagesarbeit hinaus mit der Bedeutung des Wohnens auseinanderzusetzen. Eine Fundgrube für ein solches Vorhaben sind die Aussagen von Philosophen, Schriftstellern, Lyrikern, Architekten usw. Die in diesem Buch zusammengetragenen Aussagen sind bewußt eine subjektive Auswahl aus der fast unübersehbar großen Zahl von Äußerungen. Die Sammlung erzählt vom Wohnen, vom Sinn des Hauses und von der Gestaltung von Räumen.

Philosophisch sind Bauen und Wohnen nicht nur zwei getrennte Tätigkeiten; Bauen also nicht nur Mittel und Weg zum Wohnen. Heidegger weist darauf hin, daß das althochdeutsche Wort „buan" gleichzeitig Wohnen und Sein bedeutet: „Die Art wie du bist und ich bin, die Weise, nach der wir Menschen auf der Erde sind, ist das buan, das Wohnen." Das Wesen des Wohnens leitet Heidegger ab aus dem Gotischen „wunian", das heißt nichts anderes als zufrieden sein, zum Frieden gebracht, bewahrt vor Schaden und Bedrohung. Auf der ersten Seite des Buches findet der Leser einige zum Thema hinführende Sätze von Heidegger. Wegen der herausragenden Bedeutung ist als einzige Ausnahme der gesamte Vortrag Heideggers „BAUEN WOHNEN DENKEN" zum Schluß des Buches abgedruckt.

Für Bollnow kann sich menschliches Leben nur erfüllen, indem es sich seine Grenzen setzt, sich in der Weise des „Wohnens" auf dieser Erde seßhaft macht und sich ein „Heim" baut, das es gegen die Angriffe der Außenwelt verteidigt: „Das Wohnen ist zugleich ein Standgewinnen des Menschen gegenüber dem Fluß der Zeit". Das Haus oder Heim ist für Bollnow der „abgesonderte (private) Wohnbereich des einzelnen Menschen bzw. der einzelnen Familie und so der engere Bezirk, in den er sich aus den Berufs-und anderen Geschäften zurückzieht." In der Heimat sieht er den weiteren Bereich des Wohnens, in dem sich das Leben des Menschen in einer größeren Gesellschaft mit all ihren Lebensbezügen vollzieht: „Der Mensch kann nur Mensch sein, indem er sich wohnend in einer Heimat begründet." Ähnlich formuliert Antoine du Saint-Exupéry in seinem Buch „Stadt in der Wüste" diese Erkenntnis: „Ich habe eine große Wahrheit entdeckt, diese: daß die Menschen ein Heim haben, und daß sich der Sinn der Dinge für sie wandelt je nach dem Sinn ihres Hauses."

Um beim Lesen die schöpferische Phantasie zusätzlich anzuregen, ist dem Buch ein Architekturbausteinkasten beigefügt. Möge er beim Schmökern spielerisch den Spaß am Bauen vermitteln. Möge er dazu beitragen, unsere Träume wiederzuentdecken, die uns schon in jungen Jahren dazu anregten, Laubhütten, Baumhäuser und Zelte zu bauen, um etwas Eigenes, Selbstgeschaffenes zu besitzen, wohin wir uns zurückziehen konnten, um allein zu sein, uns zu besinnen oder um die richtige Umgebung zu haben für Gespräche mit Freunden.

Herzlich danken möchte ich Herrn Dr. Keller für die engagierte Mitwirkung bei der Sammlung der Zitate und der Gliederung des Buches. Mein Dank gilt auch Herrn Professor König, der es übernommen hat, zu den Aussagen der Dichter und Denker die passenden und interpretierenden Bilder auszuwählen.

Hans Wielens

DAS WOHNEN
ALS DASEINSFORM

WELT UND ZIVILISATION

Das entscheidende Merkmal der modernen Zivilisation ist die unendliche Vielfalt ihrer Bedürfnisse. Das Merkmal alter Kultur ist die unabdingbare Reduzierung und strikte Regulierung der menschlichen Bedürfnisse.

Mahatma Gandhi

Zum Wohnen, so scheint es, gelangen wir erst durch das Bauen. Dieses, das Bauen, hat jenes, das Wohnen zum Ziel.

*

Was heißt nun Bauen? Das althochdeutsche Wort bauen, „buan“, bedeutet wohnen. Dies besagt: bleiben, sich aufhalten. Die eigentliche Bedeutung des Zeitwortes bauen, nämlich wohnen, ist uns verlorengegangen. Eine verdeckte Spur hat sich noch im Wort „Nachbar“ erhalten. Der Nachbar ist der „Nachgebur“, der „Nachgebauer“, derjenige, der in der Nähe wohnt.

*

Hören wir jedoch auf das, was die Sprache im Wort bauen sagt, dann vernehmen wir dreierlei:

1. Bauen ist eigentlich Wohnen.
2. Das Wohnen ist die Weise, wie die Sterblichen auf der Erde sind.
3. Das Bauen als Wohnen entfaltet sich zum Bauen, das pflegt, nämlich das Wachstum, – und zum Bauen, das Bauten errichtet.

*

Doch worin besteht das Wesen des Wohnens? Hören wir noch einmal auf den Zuspruch der Sprache: das altsächsische „wuon“, „wunian“ bedeutet ebenso wie das alte Wort bauen das Bleiben, das Sich-Aufhalten. Aber das gotische „wunian“ sagt deutlicher, wie dieses Bleiben erfahren wird. Wunian heißt: zufrieden sein, zum Frieden gebracht, in ihm bleiben.

Martin Heidegger

Der Mensch ist für Heidegger genauso wie für Saint-Exupéry wesensmäßig ein Wohnender. Erst durch das Wohnen, das Verharren an einem festen abgegrenzten Ort, gewinnt er ein seinem Wesen gemäßes Verhältnis zum Raum, einem der konstitutiven Faktoren der Lebenswirklichkeit als Dasein im Hier und Jetzt.

*

Die gelebte Wohnung trägt zahlreiche Spuren des Familienlebens, das in den Dingen um sich Erinnerungen, Überlieferungen und so einen sichtbaren Ausdruck seiner Ordnung schafft. So wird die Wohnung zum Lebensraum, Heim zum Geheimnis, Heimlichkeit und Intimität bergenden Raum. Sie ist der Ort des konkreten Lebensvollzuges der Familie, aus deren Lebensgemeinschaft sie erst den Charakter des „Zuhause", einer Stätte umfassender Geborgenheit und Bewahrung gewinnt. (...) Die Gemeinsamkeit des Besitzens des Familienheimes stärkt das Wir-Bewußtsein; sie wirkt auch integrierend als Brücke zwischen den Generationen.

*

Das Eigentum an Grund und Boden und einem dazugehörigen Heim läßt den Menschen, läßt die Familie gleichsam Wurzeln schlagen, macht sie bodenständig und verleiht ihnen etwas vom bäuerlichen Beharrungsvermögen, was allerdings nicht bedeuten kann und soll, daß damit zwangsläufig ein bäuerlicher oder überhaupt ein ländlicher Lebensstil verbunden wäre.

Leonhard Lowinski

Die ganze Umwelt, vom Löffel bis zur Stadt, muß mit den sozialen Notwendigkeiten in Einklang gebracht werden.

Max Bill

Man kann mit einer Wohnung einen Menschen genau so töten wie mit einer Axt.

Heinrich Zille

Die Welt, die ähnelt, Sie verzeihn,
zum Beispiel einem Haus.
Durch manche Türen tritt man ein,
durch andere tritt man aus.
Und alle Türen dieser Welt
hab'n nur den einen Sinn:
Wenn irgendwo 'ne Tür zufällt,
hab ich die Finger drin.

Erich Kästner

Weil das Bewußtsein einer heilen Welt dem Menschen nie als ein gesicherter Besitz gegeben ist, (...). entsteht für den Menschen die Aufgabe, sich in dieser heilen Welt zu bewahren, (...) in einem von ihm selber errichteten und von ihm selber verteidigten Schutz: hinter den Wänden des von ihm selber gebauten Hauses. Und von diesem Mittelpunkt weiten sich dann zugleich entsprechende Kreise: zum Dorf, zur Stadt, bis hin zur Heimat in ihrem umfassendsten Sinn.

*

Der Mensch soll ein „Wohnender" sein in dieser Welt und im „Wohnen" erst zu seinem eigentlichen Menschsein gelangen.

*

Der Mensch wohnt nicht „in" einem Raum, wie ein Gegenstand sich darin an einer bestimmten Stelle befindet, sondern er gliedert sich in seinen Raum, indem er ihn in seiner Leistung gestaltet und diesen durchgeordneten und durchgestalteten Raum mit seinem Leben erfüllt. (...) Er verschmilzt mit seinem Raum.

*

Das Wohnen ist zugleich ein Standgewinnen des Menschen gegenüber dem Fluß der Zeit.

Menschliches Leben ist ein solches, das sich nur erfüllen kann, indem es sich seine Grenzen setzt, sich in der Weise des „Wohnens" auf dieser Erde seßhaft macht und sich ein „Heim" baut, das es gegen die Angriffe der Außenwelt verteidigt. Aber es bedeutet zugleich umgekehrt: Diese seine Heimat gibt den Menschen nicht eine endgültige Geborgenheit, sondern sie bleibt immer etwas Angreifbares, das immer bedroht bleibt, dessen Bedrohung der Mensch aushalten und dessen Vernichtung er gegebenenfalls auch überstehen muß.

*

Ist das Haus oder das Heim der abgesonderte (private) Wohnbereich des einzelnen Menschen bzw. der einzelnen Familie und so der engere schützende Bezirk, in den er sich aus dem Berufs- und anderen Geschäften zurückzieht, so ist die Heimat dann der weitere Bereich, in dem sich das ganze Leben des Menschen als in eine größere Gemeinschaft mit ihren Lebensbezügen eingelassen vollzieht. (...) Der Mensch kann nur Mensch sein, indem er sich wohnend in einer Heimat begründet.

Otto Friedrich Bollnow

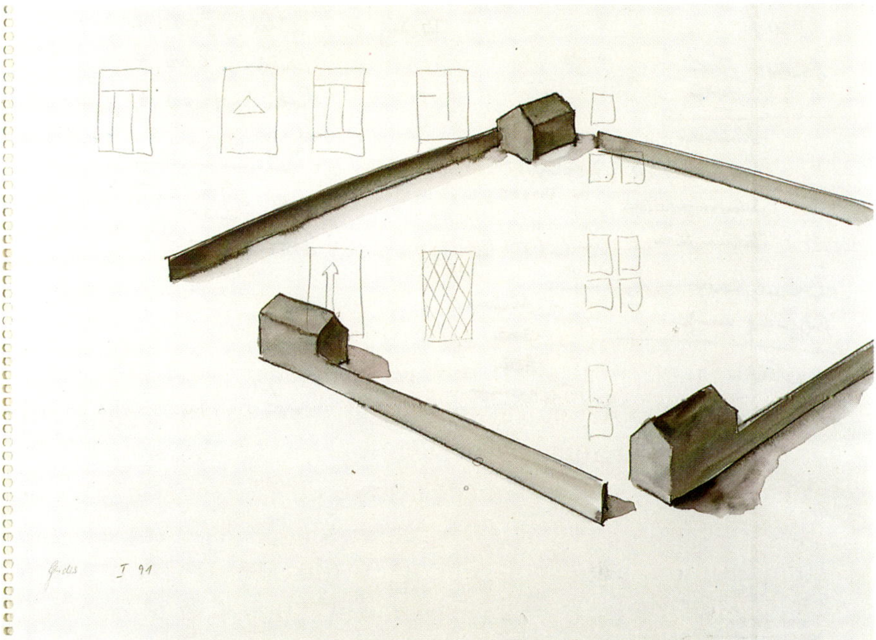
I 91

Beschreibt man die Entwicklung des Wohnens vom Baumnest oder von der Höhle bis zum heutigen Wohnen im gläsernen Kasten, beschreibt man den großen Weg der technischen Beherrschung der Umwelt und der jeweiligen Lebensweisen.

Werner Panton

Der Mensch errichtet seit mehreren Jahrtausenden Hochbauten. Es sollte also in diesem Bereich ebensowenig Probleme geben wie für die Vögel beim Bau ihrer Nester. Nur – die Vögel errichten ihre Bauten wie vor Jahrtausenden: die Bauweise des Menschen hat sich entscheidend verändert – nicht nur durch die Versorgung unserer Häuser mit Wasser, Elektrizität oder Kanalisation. Wir haben rund 8 - 9 Millionen chemische Stoffe entwickelt, denen wir jährlich rund 300.000 neue hinzufügen. Das ist nicht ohne Einfluß auf unser Bauen geblieben. Und der Glaube an die alles vermögende Technik hat viele unserer Lebensinstinkte verdrängt.
Mein Erschrecken ist nicht ganz so groß, da ich 9 von 10 Baustoffen für überflüssig halte, sie nicht verwende.

Peter Rohlmann

Bewohnbar

Ich zog aus
das Leben zu lernen

Mein Haus ausgezogen
ich wohne im Wort

Es hänget an den Dingen
die mich bewohnen

Ein Mensch
gibt mir sein Wort

Ist es bewohnbar
nehm ich es auf
halte es
aufrecht.

Rose Ausländer

Überall kann man sparen, nur beim Wohnen nicht! Es gibt Räume, die unsere Seele nicht atmen lassen; Zimmer, die uns jeden Morgen, wenn man aufsteht, den Glauben an die Zukunft nehmen. Oder ein Treppenhaus, zum Beispiel, kann ausreichen, daß man jedesmal, wenn man heimkommt, eine Zone von Widerwillen durchschreiten muß; man überträgt es auf die Frau, die uns empfängt, jahrelang, man weiß es nicht, eines Tages staunt man vor den Folgen.

Max Frisch

Das Gewohnte kommt von Wohnen und das Wohnen ist eine recht alte Gewohnheit. Die guten und schlechten Gewohnheiten im landläufigen Sinne sind nicht zuletzt bedingt durch das Wohnen.

Paul Schmitthenner

Keiner der Beteiligten darf (...) vergessen, daß es nicht primär die Politik ist, die Wohnungen baut, und daß es ebensowenig die Politik ist, die aus sich selbst heraus Wohnungen erhalten kann.

Richard von Weizsäcker

Wie das menschliche Leben, so ist auch die Wohnung der Ausdruck eines lebendigen Organismus mit bestimmten Funktionen, der eine widerspruchslose Vielheit vereint. Diese Vielfalt kommt nicht nur in der wechselseitigen Durchdringung der einzelnen Räume einer Wohnung zum Ausdruck, sondern auch in der Verschiedenartigkeit der besonderen Zusammensetzung einzelner Familiengruppen und ihrer jeweiligen wirtschaftlichen Leistungsfähigkeit.

Otto Haesler

Wir sind von der Höhle über das Zelt zum Wolkenkratzer fortgeschritten. Manche würden sogar behaupten, zurückgegangen. Wir wollten Schutz gegen tierische und menschliche Feinde, gegen das Wetter. Das Haus der Zukunft wird sich nicht mehr bloß auf Stein, Ziegel und Holz als Schutzhülle verlassen. Statt dessen werden wir mehr Kontakt mit der Außenwelt suchen, mehr Mobilität und gleichzeitig auch Individualität verlangen.

Ernest Dichter

Wohnen ist vor dem Bauen (...) So wird das Wohnen das Bauen bestimmen. So wird Bauen ganz geformt sein aus dem, was Wohnen eigentlich will, aus dem, was Wohnen meint.

(...) Wenn aus dem Gefühl des Wohnens Bauen sich bildet, und wenn aus dem Bauen Ort sich bildet, und aus dem Raum wird, (...) so ist uns das Merkwürdige geschehen, daß unsere Räume Offenheit haben wollen, Leichtigkeit, nicht die strengen und harten Grenzen dunkler Höhlen. Es ist so, als ob wir auf eine andere und sehr echte Weise begriffen hätten, daß wir „auf dem Wege" sind, um nicht zu sagen „auf Fahrt". So bestimmt sich Räumliches, wie es unserem Wohnen entspricht, als ein Helles, als ein Bewegliches, als eine leichte und offene Folge von Räumen, und das ist etwas, was hartnäckig sich durchsetzt seit Jahr und Tag in diesen Zeiten.

Hans Schwippert

Das Wohnen ist ein wesentlicher Teil des Lebens. Nicht umsonst wurde im Hinblick auf die Auswirkungen schlechter Wohnverhältnisse der Begriff „Wohnungskrankheiten" geprägt.

Friedrich Lütge

Stein auf Stein mit Vorbedacht, gibt zuletzt auch ein Gebäude.

Johann Wolfgang von Goethe

Die Welt ist mir ein kaltes Haus ohne die gleichmäßige Wärme jenes Ofens, den man Liebe nennt.

Erwin Strittmatter

Und als der nächste Krieg begann,
da sagten die Frauen: Nein!
und schlossen Bruder, Sohn und Mann
fest in der Wohnung ein.

Erich Kästner

9/24 [illegible] 88

STADT UND DORF

Die Stadt

Am grauen Strand, am grauen Meer
Und seitab liegt die Stadt;
Der Nebel drückt die Dächer schwer,
Und durch die Stille braust das Meer
Eintönig um die Stadt.

Es rauscht kein Wald, es schlägt im Mai
Kein Vogel ohne Unterlaß;
Die Wandergans mit hartem Schrei
Nur fliegt in Herbstesnacht vorbei,
Am Strand weht das Gras.

Doch hängt mein ganzes Herz an dir,
Du graue Stadt am Meer;
Der Jugend Zauber für und für
Recht lächelnd doch auf dir, auf dir,
Du graue Stadt am Meer.

Theodor Storm

Ich verlange von einer Stadt, in der ich leben soll: Asphalt, Straßenspülung, Haustorschlüssel, Luftheizung, Warmwasserleitung. Gemütlich bin ich selbst.

Karl Kraus

In den modernen Großstädten rennen die Menschen hinter sich selbst her und erreichen sich selten.

Gerhart Hauptmann

Man kann aber auch sagen, daß jede Architektur der Großstadt, die noch nicht begriffen hat, daß es heute nur noch Kollektiv-Architektur geben kann, ein falsches Stadtbild schafft.

Kurt Tucholsky

Die stille Stadt

Liegt eine Stadt im Tale,
Ein blasser Tag vergeht;
Es wird nicht lange dauern mehr,
Bis weder Mond noch Sterne,
Nur Nacht am Himmel steht.

Von allen Bergen drücken
Nebel auf die Stadt;
Es dringt kein Dach, nicht Hof noch Haus,
Kein Laut aus ihrem Rauch heraus,
Kaum Türme noch und Brücken.

Doch als den Wandrer graute,
Da ging ein Lichtlein auf im Grund;
Und durch den Rauch und Nebel
Begann ein leiser Lobgesang
Aus Kindermund.

Richard Dehmel

Ich habe also die Baumeister kommen lassen und ihnen gesagt: Von euch hängt die künftige Stadt ab, nicht in ihrem geistigen Gehalt, aber in dem Gesicht, das sie zeigen und das ihren Ausdruck bestimmen wird. Und ich denke genau wie ihr, daß die Menschen gut wohnen sollen. Damit sie über die Annehmlichkeiten der Stadt verfügen und nicht ihre Kräfte durch eitle Verwicklungen und unnötige Ausgaben vergeuden.

Antoine de Saint-Exupéry

Denn wie sollten große Baumeister durch Werke ohne Größe entstehen? Ihr werdet erst groß werden, wenn die Steine, von denen ihr vorgebt, daß ihr sie mit Macht erfüllet, nicht Gegenstand eines Wettbewerbs sind oder aus Gründen der Bequemlichkeit zum Obdach dienen oder für einen feststellbaren Gebrauch bestimmt sind, sondern wenn sie Schemel und Treppen und Schiffe werden, die zu Gott führen.

Antoine de Saint-Exupéry

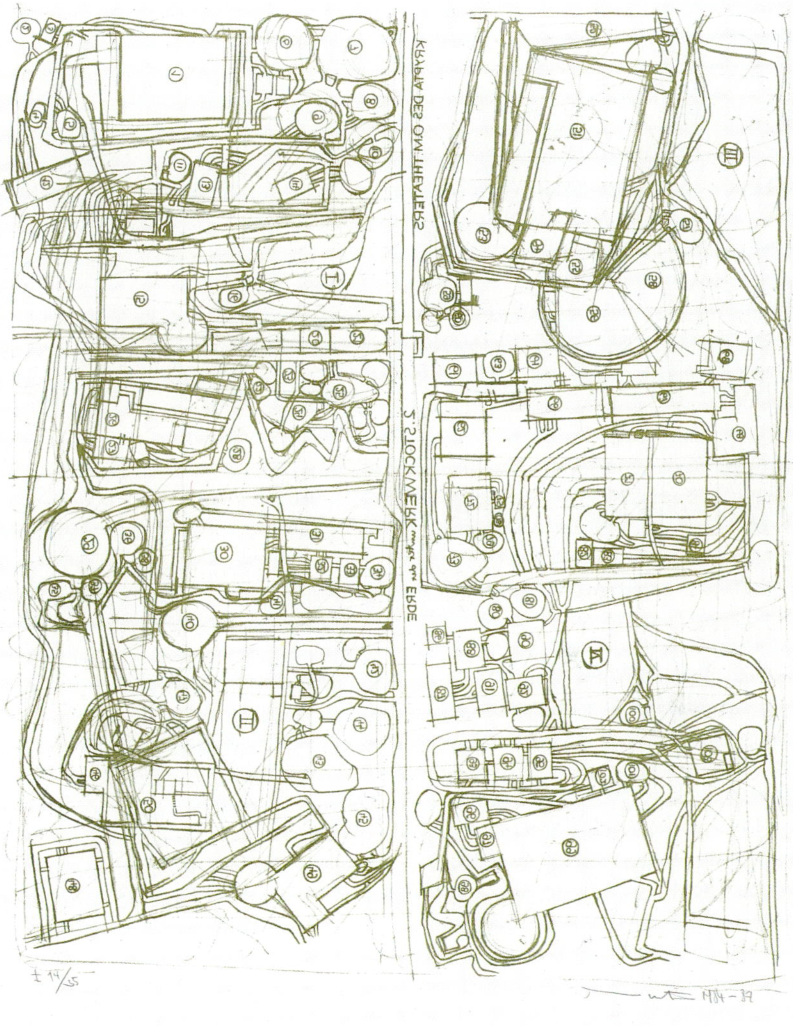

I 14/35

Peinlich berührt

Im Dorfe wohnt ein Vetter,
Der gut versichert war
Vor Brand und Hagelwetter
Nun schon im zehnten Jahr.

Doch nie seit dazumalen
Ist ein Malheur passiert,
Und so für nichts zu zahlen,
Hat peinlich ihn berührt.

Jetzt, denkt er, überlasse
Dem Glück ich Feld und Haus.
Ich pfeife auf die Kasse.
Und schleunig trat er aus.

O weh, nach wenig Tagen
Da heißt es: „Zapperment!
Der Weizen ist zerschlagen
Und Haus und Scheune brennt".

Ein Narr hat Glück in Masse,
Wer klug, hat selten Schwein.
Und schleunig in die Kasse
Trat er halt wieder ein.

Wilhelm Busch

Rückkehr

Die Vaterstadt, wie find ich sie doch?
Folgend den Bomberschwärmen
Komm ich nach Haus.
Wo denn liegt sie? Wo die ungeheuren
Gebirge von Rauch stehen.
Das in den Feuern dort
Ist sie.

Die Vaterstadt, wie empfängt sie mich wohl?
Vor mir kommen die Bomber. Tödliche Schwärme
Melden Euch meine Rückkehr. Feuersbrünste
Gehen dem Sohn voraus.

Bertolt Brecht

Zumutungen

Immer mir vor den Augen
Diese verwandelte Stadt
Die blühte brannte und in Asche fiel
Und wieder blühte
Wenn man das
So nennen kann
Diese Hochhäuser Schreibstubentürme
Nachts mit erloschnen Augen
Da wohn ich
Im Zahlengeflüster
Und verstehe von Zahlen nichts
Und bleibe
Aus Trägheit oder
Aus Treue.

Marie Luise Kaschnitz

Die Stadt verklingt

Woher die feinen Töne schweben
Wie weit verwehter Düfte Schwaden?
Sie sind vom weiten Weg beladen
Mit Mörtelmehl und Spinnenweben.

Verstaubtem Öl in Schlüssellöchern
Und stickluftdunkler Korridore,
Mit Säuren, Weines rotem Flore,
Mit Anklang, eisern, hölzern, knöchern.

Und während sie dich schwer erheben,
Kommt schon der Mond mit großem Rade,
Und unter dir klingt als Ballade
Die Stadt, der Abend und dein Leben.

Oskar Loerke

Die Stadt läßt ihre Menschen ausschwärmen, wenn es tagt; dann birgt sie sie wieder mit den Lasten und den Vorräten, die sie für den Winter ansammelten, in ihren Mauern.

Antoine de Saint-Exupéry

Ich habe eine große Wahrheit entdeckt. Diese: daß die Menschen ein Heim haben, und daß sich der Sinn der Dinge für sie wandelt je nach dem Sinn ihres Hauses.

*

Genau so besitzt einer, der sein Haus zerstörte, weil er den Ehrgeiz hatte, es kennenzulernen, nur noch einen Haufen Steine, Schiefern und Ziegel; er findet weder den Schatten, noch die Stille, noch die Vertraulichkeit wieder, denen sie dienten, und weiß nicht, welchen Nutzen er von diesem Haufen von Steinen, Schiefern und Ziegeln erwarten könnte, denn es fehlt ihnen die Erfindungskraft, die sie beherrscht: Herz und Seele des Baumeisters. Denn dem Steine mangeln Herz und Seele des Menschen.

Antoine de Saint-Exupéry

Je mehr Denkmäler verschiedener Baustile in einer Stadt vorhanden sind, desto interessanter ist sie, desto öfter veranlaßt sie uns, sie zu betrachten, genießend nach jedem Schritt innezuhalten.

Nikolai Gogol

Über die Schönheit einer Stadt kann eifern, wer eine Wohnung hat.

Am schönsten wird es sein, wenn wir eine Wohnung haben mit einem Schlafzimmer, in das die Sonne hineinscheint, wir werden morgens wach, es ist Sommer, wir müssen nicht zur Arbeit, wir haben Zeit.

Erich Loest

In den kleinen Städten hat man keine Genüsse, in den großen keine Wünsche.

C. S. de Montesquieu

Die mittelalterliche Stadt: Von Mauern umschlossen, war sie scharf von der Landschaft geschieden und wendete sich von ihr ab, auch wenn sie auf einem Hügel lag. Die Häuser waren nach dem Stadtinnern hin orientiert; die schöne Aussicht, auf die es uns bei unserem Naturgefühl heute so sehr ankommt, wurde damals nicht gesucht, sondern eher gemieden. Die englische Gartenrevolution im 18. Jahrhundert brachte den ersten Einbruch des „Grüns" in diese Welt des Gebauten. (...) Aber die Städte blieben dennoch bis ins 20. Jahrhundert hinein Steinstädte, die zwar Parks und Gärten in ihrem Bereich bargen, aber von der Landschaft deutlich geschieden waren und kein Verhältnis zu ihr hatten.

Heute: Einerseits mußten die Städte, um die immer größer werdenden Menschenmassen aufnehmen zu können, weit in die Landschaft vorstoßen; andererseits zog man, dem Wunsche des modernen Menschen nach Verbindung mit der Natur auch in den Wohngebieten folgend, die Landschaft in Gestalt von Grünflächen immer mehr in die Städte hinein.

Otto Ernst Schweizer

Chidher

Chidher, der ewig junge, sprach:
Ich fuhr an einer Stadt vorbei,
Ein Mann im Garten Früchte brach;
Ich fragte, seit wann die Stadt hier sei?
Er sprach, und pflückte die Früchte fort:
„Die Stadt steht ewig an diesem Ort,
Und wird so stehn ewig fort."
  Und aber nach fünfhundert Jahren
  Kam ich desselbigen Wegs gefahren.

Da fand ich keine Spur der Stadt;
Ein einsamer Schäfer blies die Schalmei,
Die Herde weidete Laub und Blatt;
Ich fragte: wie lang ist die Stadt vorbei?
Er sprach, und blies auf dem Rohre fort:
„Das eine wächst, wenn das andre dorrt;
Das ist mein ewiger Weideort."
  Und aber nach fünfhundert Jahren
  Kam ich desselbigen Wegs gefahren.

Da fand ich ein Meer, das Wellen schlug,
Ein Fischer warf die Netze frei,
Und als er ruhte vom schweren Zug,
Fragt ich, seit wann das Meer hier sei?
Er sprach und lachte meinem Wort:

„Solang als schäumen die Wellen dort,
Fischt man und fischt man in diesem Port.“
  Und aber nach fünfhundert Jahren
  Kam ich desselbigen Wegs gefahren.

Da fand ich einen waldigen Raum,
Und einen Mann in der Siedelei,
Er fällte mit der Axt den Baum;
Ich fragte, wie alt der hier sei?
Er sprach: „Der Wald ist ein ewiger Hort;
Schon ewig wohn ich an diesem Ort,
Und ewig wachsen die Bäum hier fort.“
  Und aber nach fünfhundert Jahren
  Kam ich desselbigen Wegs gefahren.

Da fand ich eine Stadt, und laut
Erschallte der Markt vom Volkgeschrei.
Ich fragte: seit wann ist die Stadt erbaut?
Wohin ist Wald und Meer und Schalmei?
Sie schrien, und hörten nicht mein Wort:
„So ging es ewig an diesem Ort
Und wird so gehen ewig fort.“
  Und aber nach fünfhundert Jahren
  Will ich desselbigen Weges fahren.

Friedrich Rückert

Die Stadt

Du sprachest: „Ich will in ein andres Land, ich will zu andrem Meere gehn, zu finden eine andre Stadt von bessrer Art als die! Gezeichnet ist der Urteilsspruch für all mein Streben hie: mein Herz ist – wie ein Leichnam – grabumfangen. Wie lang noch soll mein Geist gebannt in dieser Fäulnis hangen? Wohin mein Auge kreisen mag, wohin ich schau: zu schwarzen Trümmern meines Lebens ward der Bau, wo ich so viele Jahre ließ verderben und ins Leere gehn."

Denk nicht, daß du in neuen Raum, daß du in andre Meere gingst! Die Stadt wird ziehn auf deinen Zug. Dieselben Straßen schleichst einher du, wo du bei denselben Nachbarn bleichst, wankst in denselben Häusern zu den Toten. Stets kommst du an in dieser Stadt. Nie – Hoffnung ist verboten – beut Schiff noch Weg zu Anderswo sich dir. Darum, wo du verdarbst dein Leben, hier durch dieses kleine Loch du zu der ganzen Erde Leere gingst.

Konstantinos Kavifis

Im Schlendern durch eine fremde Stadt

Hinter roten Fensterblumen taucht
Eine Stirn empor, vom Licht behaucht,
Stille braune Augen blicken hold
Noch in kinderhaftem Märchengold,
Doch die Lippen und die frischen Wangen
Sind in ernster Sprödigkeit befangen.
Lächelnd schau ich Fremdling nach ihr hin,
Meine Schritte zögern und mein Sinn
Fleht voll rascher Inbrunst zum Geschick:
Laß sie lächeln einen Augenblick!
Und sie steht und blickt den fremden Mann
Wie aus Träumen fremd und freundlich an,
Und indem mein Lächeln heller wirbt,
Seh ich, wie die starre Blöde stirbt,
Lächelnd gibt der aufgeschlossne Mund
Lieblichkeit und holde Laune kund.
Doch indes ich unten stehen bleibe,
Lacht sie schnell und schließt die Fensterscheibe,
Daß die roten Blumen jäh erblassen:
Und ich schlendre weiter durch die Gassen.

Hermann Hesse

In dieser Märznacht trat ich spät aus meinem Haus, die Straßen waren aufgewühlt von Lenzgeruch und grünem Saatregen. Winde schlugen an. Durch die verstörte Häusersenkung ging ich weit hinaus bis zu dem unbedeckten Wall und spürte: meinem Herzen schwoll ein neuer Takt entgegen.

Ernst Stadler

Frühling in der Großstadt:
Man hört frühmorgens die Vögel husten

Cedric Dumont

Kleine Stadt

Die vielen kleinen Gassen, die die langgestreckte Hauptstraße überqueren, laufen alle ins Grüne. Überall fängt Land an. Überall strömt Himmel ein und Geruch von Bäumen und der starke Duft der Äcker. Überall erlischt die Stadt in einer feuchten Herrlichkeit von Wiesen, und durch den grauen Ausschnitt niedrer Dächer schwankt Gebirge, über das die Reben klettern, die mit hellen Stützen in die Sonne leuchten. Darüber aber schließt sich Kiefernwald: der stößt wie eine breite dunkle Mauer an die rote Fröhlichkeit der Sandsteinkirche. Am Abend, wenn die Fabriken schließen, ist die große Straße mit Menschen gefüllt. Sie gehen langsam oder bleiben mitten auf der Gasse stehn. Sie sind geschwärzt von Arbeit und Maschinenruß. Aber ihre Augen tragen noch Scholle, zähe Kraft des Bodens und das feierliche Licht der Felder.

Ernst Stadler

In einer großen Stadt

Es treibt vorüber mir im Meer der Stadt
Bald der, bald jener, einer nach dem andern.
Ein Blick ins Auge, und vorüber schon.
Der Orgeldreher dreht sein Lied.

Es tropft vorüber mir ins Meer des Nichts
Bald der, bald jener, einer nach dem andern.
Ein Blick auf seinen Sarg, vorüber schon.
Der Orgeldreher dreht sein Lied.

Es schwimmt ein Leichenzug im Meer der Stadt,
Querweg die Menschen, einer nach dem andern.
Ein Blick auf meinen Sarg, vorüber schon.
Der Orgeldreher dreht sein Lied.

Detlev von Liliencron

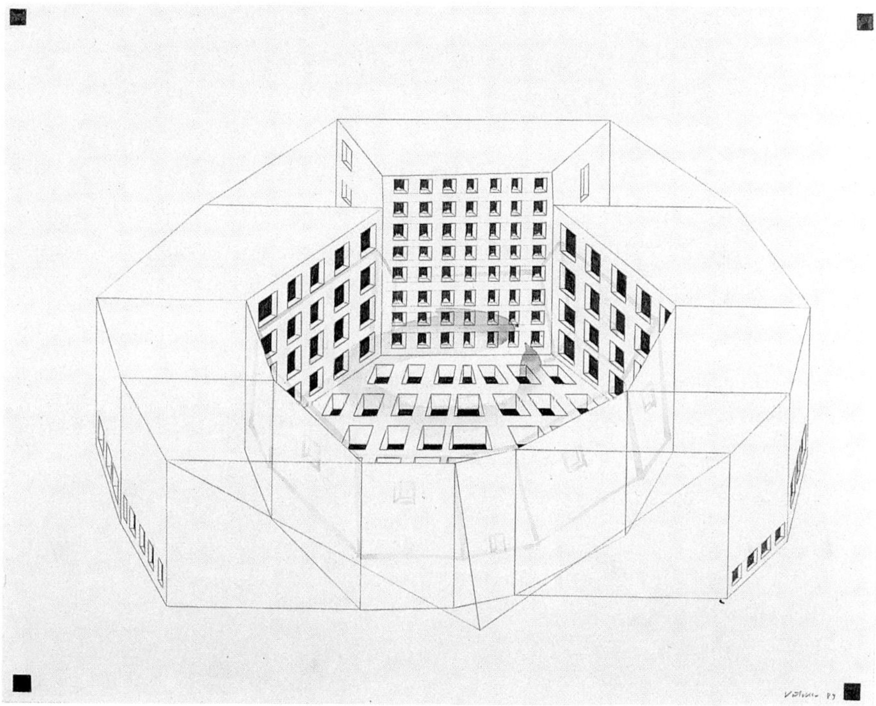

Ich will heraus aus dieser Stadt

Ich weiß, daß Berge auf mich warten,
Draußen – weit –
Und Wald und Winterfeld und Wiesengarten
Voll Gotteinsamkeit –

Weiß, daß für mich ein Wind durch Wälder dringt,
So lange schon –
Daß Schnee fällt, daß der Mond nachtleise singt
Den Ewig Ton –

Fühle, daß nachts Wolken schwellen,
Bäume,
Daß Ebenen, Gebirge wellen
In meine Träume –

Die Winterberge, meine Berge tönen –
Wälder sind verschneit –
Ich will hinaus, mit euch mich zu versöhnen!
Ich will heraus aus dieser Zeit,

Hinweg von Märkten, Zimmern, Treppenstufen,
Straßenbraus –
Die Waldberge, die rufen,
Locken mich hinaus!

Bald hab ich diese Straßenwochen,
Bald diesen Stadtbann aufgebrochen
Und ziehe hin, wo Ströme durch die Ewig-Erde pochen,
Ziehe selig in die Welt!

Gerrit Engelke

Abendland

Ihr großen Städte
Steinern aufgebaut
In der Ebene!
So sprachlos folgt
Der Heimatlose
Mit dunkler Stirne dem Wind,
Kahlen Bäumen am Hügel.
Ihr weithin dämmernden Ströme!
Gewaltig ängstet
Schaurige Abendröte
Im Sturmgewölk.
Ihr sterbenden Völker!
Bleiche Woge
Zerschellend am Strande der Nacht,
Fallende Sterne.

Georg Trakl

Die großen Städte bieten den Vorteil, daß man zu ihnen zurückkehren kann. Hat man seine Gesellschaft schlecht gewählt, man findet andere.

C. S. de Montesquieu

Man flieht vergebens aus der großen Stadt; die Probleme kommen mit.

John Lindsay

Wir sollten das Problem unserer Städte lösen, indem wir sie verlassen.

Henry Ford

Paris, die Stadt der Freuden und Lustbarkeiten usw., in der vier Fünftel der Einwohner an Kummer sterben.

Nicolas-Sébastien Roch Chamfort

Jemand, der vor einem Essen die einzelnen Gerichte nicht unterschied, sagte, daß er dem Menschen glich, den die Häuser hinderten, die Stadt zu sehen.

Nicolas-Sébastien Roch Chamfort

Das Schlimme in einer Stadt ist, wenn die Häuser fehlen.

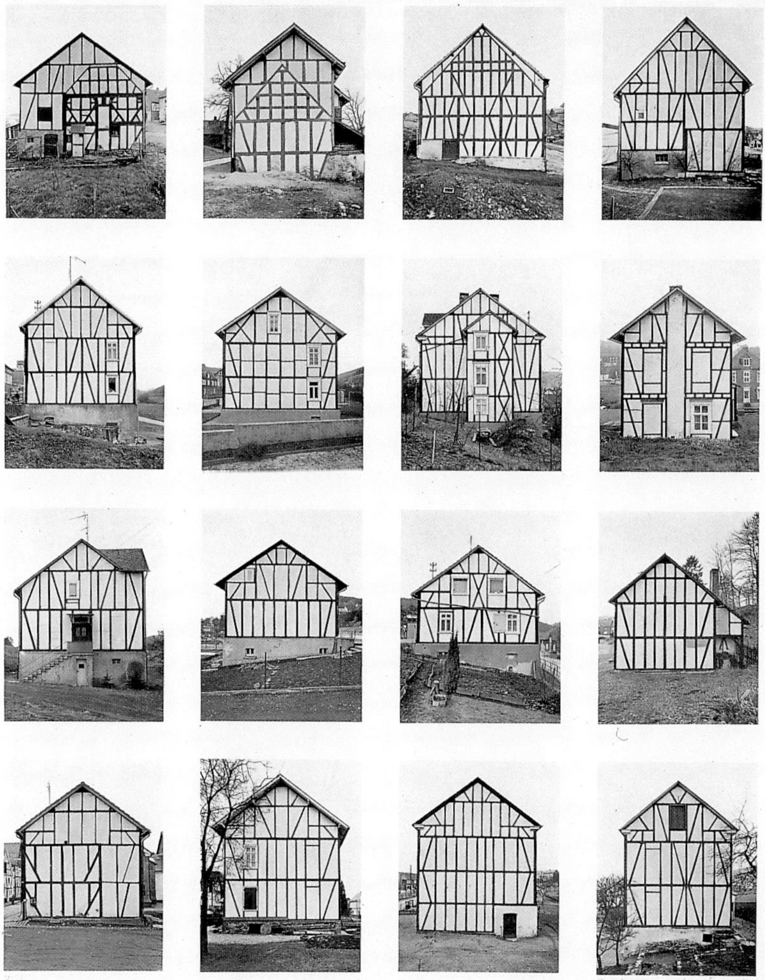

UMGEBUNG UND NACHBARN

Manchmal nehme ich mir in meiner Wohnung vor, draußen zu den Leuten freundlicher zu sein. Schon im Lift beginne ich damit. Meist aber hat jemand keine Zeit, und oft bin ich es selbst, der keine Zeit hat.

Gerhard Zwerenz

Ein gut sitzendes Fenster, ein wohlproportionierter Raum, eine richtig geordnete Tür, ein Farbklang wirken wochenlang auf die Augen ein. Wir sind uns dessen nicht bewußt. Wenn die Tür schlecht sitzt, ist es genau, als ob jemand auf einer verstimmten Violine fortwährend eine falsche Terz oder Quint geigt.

Otto Bartning

Brennt deines Nachbarn Wand, so gilt's auch dir.

Flaccus Quintus Horatius

Mancher kann nicht allein schlafen, wenn er weiß, ein Fremder hört ihn schnarchen, und mancher kann nicht zu zweit schlafen, wenn er weiß, daß dünne Wände nachts Ohren und morgens Stielaugen haben.

Jurij Brézan

Es scheint der Zweck des Familienlebens zu sein, daß die Menschen, die unter einem Dach wohnen, einander überdrüssig werden und sich willkürlich auseinanderleben.

Alexander Iwanowitsch Herzen

Das Wohnumfeld ist für viele Menschen noch wichtiger als das Haus oder die Wohnung selbst.

Friedrich von Halle-Tischendorf

Es gibt nichts so Grauenvolles wie die Fremdheit derer, die sich kennen.

Gerhart Hauptmann

Ach, unsere Träume von einer schönen Gesellschaft: Studententräume, die an der Wirklichkeit zerschellen: unsere Projekte (...) die Wohnungen, Wohneinheiten für eine tausendköpfige Familie (...). Zukunftsmusik, aber wir hörten sie schon, und wir hörten (...), daß ein Architekt nicht nur Häuser entwirft, sondern Beziehungen, die Kontakte ihrer Bewohner, eine gesellschaftliche Ordnung.

Brigitte Reimann

Es kamen in sein grünes Haus
viel leichtbeschwingte Gäste;
sie sprangen frei und hielten Schmaus
und sangen auf das beste.

Ludwig Uhland

Doch den Nachbarn soll man ehren,
Nächste Hilfe ist die beste.

Friedrich W. Weber

Wer will bauen an der Straßen, muß die Leute reden lassen.

Läßt du einen ins Haus kommen, er kommt bald in die Stube.

Es gehen viele Freunde in ein kleines Haus.

Des einen Nachbars Unglück trifft auch den andern.

Wähle den Nachbarn vor dem Haus und den Begleiter vor dem Weg.

Einer, der seinen Nachbarn haßt, entdeckt sogar in der Sonne Fehler.

Ein guter Advokat ist ein übler Nachbar.

Wer da will in Ehren walten, muß es mit den Nachbarn halten.

Keiner hält länger Frieden, als sein Nachbar will.

Liebe deinen Nachbarn, reiß aber den Zaun nicht ein.

Man muß zuerst das eigene Dach decken, ehe man die faulen Schindeln auf des Nachbars Dach zählt.

Wer da baut an Markt und Straßen, muß Neider und Narren reden lassen.

Dem Hause gibt der Nachbar seinen Wert.

Es ist keine Mauer so fest, als seine Nachbarn zu Freunden haben.

Wer bei der Schmiede wohnt, gewöhnt sich ans Hämmern.

Coca-Cola
REFRESHES
YOU BEST
BP
AIR
FREMLINS BEERS

VOM SINN
DES HAUSES

IDYLLE UND SCHEIN

Der Winter

Der Sturm heult immer laut in den Kaminen,
Und jede Nacht ist blutigrot und dunkel,
Die Häuser recken sich mit leeren Mienen.

Nun wohnen wir in rings umbauter Enge
Im kargen Licht und Dunkel unserer Gruben,
Wie Seiler zerrend grauer Stunden Länge.

Die Tage zwängen sich in niedre Stuben,
Wo heisres Feuer krächzt in großen Öfen.
Wir stehen an den ausgefrornen Scheiben
Und starren schräge nach den leeren Höfen.

Georg Heym

Was sind wir Menschen doch!
Ein Wohnhaus grimmer Schmerzen.

Andreas Gryphius

Sie besaßen so vieles – Superwohnung, antike Möbel, Bungalow, Hund, Pferd, Auto, Segelboot, Maßgeschneidertes und Nostalgisches, Kamin und Konto –, daß sie ihre bittere Armut nicht mehr bemerkten.

Manfred Kubowsky

Hohe Häuser sind gewöhnlich unterm Dach leer.

Zur Heimat gehört mehr als der Raum zum Wohnen. Man mag sagen, daß sei schon ungeheuer viel, und man solle sich glücklich preisen, wenn man ihn hat. Aber je dürftiger die Existenz des Heimatlosen, desto schärfer stellt sich gerade heraus, daß der Wohnraum ihn gar nicht selig machen kann; denn der Arbeitsplatz ist ja das mindeste, was hinzukommen muß. Das wären zwei polare und miteinander verknüpfte Elemente. Das dritte Element, das ich zur eigentlichen Heimat rechnen möchte, ist das der freien Geselligkeit, der Teilnahme am Gemeinwesen, das Element der Gesellschaft, das politische, das soziale Element.

Dolf Sternberger

Das Schild „Eintritt verboten“ hängt oft an der Innenseite der Tür.

Wieslaw Brudzinski

Häuser am Abend

Im späten schrägen Goldlicht steht
Das Volk der Häuser still durchglüht,
In kostbar tiefen Farben blüht
Sein Feierabend wie Gebet.

Eins lehnt dem andern innig an,
Verschwistert wachsen sie am Hang,
Einfach und alt wie ein Gesang,
Den keiner lernt und jeder kann.

Gemäuer, Tünche, Dächer schief,
Armut und Stolz, Verfall und Glück,
Sie strahlen zärtlich, sanft und tief
Dem Tage seine Glut zurück.

Hermann Hesse

Wache Nacht

Bleich blickt die föhnige Nacht herein,
Der Mond im Wald will untergehn.
Was zwingt mich doch mit banger Pein
Zu wachen und hinauszusehn?

Ich hab geschlafen und geträumt;
Was hat mir mitten in der Nacht
Gerufen und so bang gemacht,
Als hätt ich Wichtiges versäumt?

Am liebsten liefe ich vom Haus,
Vom Garten, Dorf und Lande fort
Dem Rufe nach, dem Zauberwort,
Und weiter und zur Welt hinaus.

Hermann Hesse

Das Heim ist ein Platz, wo du dich überall dort kratzen kannst, wo es dich juckt.

Ainsley

Er löscht den Funken beim Hause des Nachbarn, während das eigene brennt.

In goldnen Häusern hölzern Leben.

In leeren Häusern regieren Poltergeister.

Alte Häuser werden nicht neu, wenn man sie frisch streicht.

Schlaraffenland

Da sind die Häuser deckt mit Fladen,
Lebkuchen die Haustür und Laden,
Von Speckkuchen Dielen und Wänd,
Die Balken von Schweinebraten send.
Um jedes Haus so ist ein Zaun
Geflochten von Bratwürsten braun,
Von Malvasier so sind die Brunnen
Kommen eim von selbst ins Maul grunnen.

Hans Sachs

*K*aum befand er sich im Freien, als die ganze, schon erschütterte Straße auf eine zweite Bewegung der Erde völlig zusammenfiel. Besinnungslos, wie er sich aus diesem allgemeinen Verderben retten würde, eilte er, über Schutt und Gebälk hinweg, indessen der Tod von allen Seiten Angriffe auf ihn machte, nach einem der nächsten Tore der Stadt. Hier stürzte noch ein Haus zusammen und jagte ihn, die Trümmer weit umherschleudernd, in eine Nebenstraße: hier lockte die Flamme schon, in Dampfwolken blitzend, aus allen Giebeln und trieb ihn schreckensvoll in eine andere (...).

*

Hier lag ein Haufen Erschlagener, hier ächzte noch eine Stimme unter dem Schutte, hier schrien Leute von brennenden Dächern herab (...).

Heinrich von Kleist

Vor seiner Hütte ruhig im Schatten sitzt
Der Pflüger, dem Genügsamen raucht sein Herd.
Gastfreundlich tönt dem Wanderer im
Friedlichen Dorfe die Abendglocke.

Friedrich Hölderlin

Rings um ruhet die Stadt; still wird die erleuchtete Gasse,
Und, mit Fackeln geschmückt, rauschen die Wagen hinweg,
Satt gehen Heim von Freuden des Tages zu ruhen die Menschen,
Und Gewinn und Verlust wäget ein sinniges Haupt
Wohlzufrieden zu Haus; leer steht von Trauben und Blumen,
Und von Werken der Hand ruht der geschäftige Markt.

Friedrich Hölderlin

114

Man sieht's am Nest, was für ein Vogel drin wohnt.

Des einen Haus brennt, und der andere wärmt sich daran.

Je größer das Schloß – desto geringer die Katen.

Eine schöne Tür macht eine schöne Fassade,
ein schöner Mund ein schönes Gesicht.

Eine knarrende Tür hängt noch lange in den Angeln.

Luftschlösser lassen sich leicht aufbauen, aber schwer niederreißen.

Der Bürger duldet nichts Unverständliches im Haus.

Karl Kraus

Es tut jeder Hütte gut, wenn man sie Bungalow heißt.

Manfred Kubowsky

Soviele unbewohnte Häuser
soviele geborstene Mauern
soviele Menschen ohne Haus

Rose Ausländer

Mein kleines Zimmer ist ein Riesenreich

Rose Ausländer

Der Bau von Luftschlössern kostet nichts. Aber ihre Zerstörung ist sehr teuer.

Francois Mauriac

Es gibt Leute, die sich nicht gänzlich behaglich fühlen in ihrem großen Haus, solange oben im Mansardenstübchen die alte Frau noch lebt.

Jurij Brézan

Baumumkränzte Höfe sonnen sich im Grünen frei und stolz. Und die Menschen, die dort wohnen, sind von festem Eichenholz.

Augustin Wibbelt

Dorfabend

Vor den blanken Fenstern glühen
Blumen farbig in den Töpfen,
Hinterm Fenster dämmrig blühen
Mädchen mit gewundenen Zöpfen.

Überm Kirchdach schießen Schwalben
Schnell wie Blitze hin geschwunden,
Glocken rufen allenthalben,
Abend hat den Tag bezwungen.

Eh wir nun zu Bette gehen,
Mit dem Traum den Tag vertauschen,
Laß uns noch am Fenster stehen
Und dem großen Frieden lauschen.

Hermann Hesse

Beim Einzug in ein neues Haus

Aus Mutterleib gekommen,
Bestimmt im Boden zu modern,
Steht verwundert der Mensch;
Göttererinnerung streift noch seinen Morgentraum.

Dann wendet er sich, gottab, der Erde zu,
Werkt und strebt. In Scham und Furcht
Vor Herkunft und Ziel seines ruhlosen Lebens.

Baut er und schmückt sein Haus,
Malt seine Wände, füllt seine Schränke,
Feiert Feste mit Freunden und pflanzt
Holde lachende Blumen vors Tor.

Hermann Hesse

Das Glück wohnt in den Hütten, - sagen die Schlösser.

Jurij Brézan

Man kann nicht ein Haus von innen her einreißen, ohne daß man es von außen sieht.

Nein. Auf diesen Straßen, auf diesen Balkons, an diesen Häusern, in diesen Fenstern sehe ich nichts, das irgendwie nach menschlichem Gebrauch aussähe. Diese Häuser sind nicht für die Bewohner da, sondern sie werden bewohnt von fremden Tapeten, Bildern, Möbeln und von Fernsehgeräten, die ihnen sagen, daß diese Tapeten, diese Möbel die richtigen sind.

Peter Schneider

Der alte Brunnen

Lösch aus dein Licht und schlaf! Das immer wache
Geplätscher nur des alten Brunnens tönt.
Wer aber Gast war unter meinem Dache,
Hat sich stets bald an diesen Ton gewöhnt.

Zwar kann es einmal sein, wenn du schon mitten
Im Traume bist, daß Unruh geht ums Haus,
Der Kies beim Brunnen knirscht von harten Tritten,
Das helle Plätschern setzt auf einmal aus.

Und du erwachst, – dann mußt du nicht erschrecken!
Die Sterne stehn vollzählig überm Land,
Und nur ein Wandrer trat ans Marmorbecken,
Der schöpft vom Brunnen mit der hohlen Hand.

Er geht gleich weiter. Und es rauscht wie immer.
O freue dich, du bleibst nicht einsam hier.
Viel Wandrer gehn fern im Sternenschimmer,
Und mancher noch ist auf dem Weg zu dir.

Hans Carossa

Rauhes Land

Die Stadt verdämmert weit in unsrem Rücken,
Der letzte sanfte Rebenhügel schwand,
Wir fahren über hohe Eisenbrücken,
Wir nahen uns dem rauhen Heimatland.

Verspätet reift am Hang die Vogelbeere,
Wacholderschatten liegt auf Urgestein.
Der Sperling rüttelt an der magren Ähre,
Die Bergschlucht atmet Wolken aus und ein.

Hier schrumpfen alle Dome zu Kapellen,
Verziert mit Gnadenbildern feurig bunt,
Und draußen im Geröll entspringen Quellen,
Die gehn zum schwarzen See im Fichtengrund.

O bald sind alle Steige schneeverweht,
Ungangbar auch der Weg zum fernen Grabe.
Wir trösten uns: in jedem Hause steht
Ein guter Sarg bei andrer lieber Habe.

Vielleicht um Ostern, wenn in unserm Norden
Die Heide blüht, wird einer fromm versenkt,
Und bald ist Staub und Geist aus ihm geworden –
Wohl dem, der dann noch freundlich an ihn denkt!

Hans Carossa

Die Häuser haben Augen aufgetan

Am Abend stehn die Dinge nicht mehr grau
Und mauerhart in dem Vorüberspülen
Gehetzter Stunden. Wind bringt von den Mühlen
Gekühlten Tau und geisterhaftes Blau.

Die Häuser haben Augen aufgetan,
Stern unter Sternen ist die Erde wieder,
Die Brücken tauchen in das Flußbett nieder
Verbrüdert schon mit dem versunknen Kahn.

Die Toten flüstern mit Geschilf und Strauch,
Ein Wipfel weint, sein Laub verhaucht zu Rauch
Und wirft die Wolken ab, die ihn bedrückten.

Die Menschen aber staunen mit entrückten
Gesichtern in das ausgestirnte All
Und sind wie Früchte reif zum Fall.

Paul Zech

Besitz

Kühles Gefühl, nun, da du alt bist:
Zeitlebens habe dir nichts gehört.

Eine Villa verdienst du nicht.
Was aber käme dir zu?

Eine Wohnung unterm Dach in der Altstadt,
Ein Bahnwärterhaus an einer Strecke, die stilliegt.

Daß es still ist, darauf kommt es dir an.

Hermann Lenz

Von langer Reise zurückgekommen
In kalter Stube finde ich wartende Post,
Setze mich, öffne die Briefe beklommen,
Schnaube Qualm in den dumpfen Frost.

Ach, was schreibt ihr mir alle die Briefe,
Fremde Menschen, Pilger und Sucher wie ich?!
– Wenn hinter allem nicht Nacht und Geheimnis schliefe,
Wie wäre das Leben öde und schauerlich!

Eure Briefe schicht ich im schwarzen Kamin zusammen,
Weiß keine Antwort auf das, was ihr alle fragt –
Wärmt euch mit mir an den grell aufzuckenden Flammen,
Freut euch mit mir, daß morgen ein Tag uns tagt!

Kalt ist die Welt und feindlich um uns gemauert,
Unser Herz allein ist Sonne und fähig der Lust –
O wie zittert der bange Funke in unsrer Brust,
Der doch allein die Gespenster der Welt überdauert!

Hermann Hesse

SEHNSUCHT UND VERLANGEN

Daheim

In der Fremde
daheim
Land meiner Muttersprache
sündiges beißendes Land
ich wählte dich
als meine Wohnung
Heimatfremde
wo ich viele
fremde Freunde liebe

Rose Ausländer

0 20 40 60 80 100 120 F
0 5 10 15 20 M
N

Buchenblatt

Ein Buchenblatt
wie aus dem Wald
meiner Heimatstadt
fliegt in mein Zimmer

Es kann
mich trösten

Jene junge Zeit
ein Gedankenort
da wohnen die verlorenen
Freunde und Berge

Feines Geäder
eine Widmung für mich

Rose Ausländer

Heimweh

Aus der Heimat verbannt,
Dem Freunde entrissen,
Schleppt mein Fuß sich durch fremden Sand,
Und ein Stein ist mein Kissen.

Mag der Lenzwind mein Haus
Jetzt rüttelnd umschlingen,
Nimmer wird er Nachtein Nachtaus
Mich in Schlummer mehr singen.

Ricarda Huch

Das Haus ist wie ein Traum. Bis heute waren Häuser das genaue Gegenteil vom Träumen, indoktrinierend, diktatorisch, unterdrückend. Vor meinem Haus stehen die Leute mit offenem Mund und können nicht glauben, daß ein Traum wahr geworden ist. Sie müssen zweimal hinschauen, weil es genau das ist, was sie träumen; dieses Haus entstammt einer Traumwelt. Es entspricht der tiefen, echten Sehnsucht der Menschen.

Friedensreich Hundertwasser

Für mich waren Schieles Häuser Lebewesen. Das erste mal hatte ich das Gefühl, daß die Außenmauern Häute seien. Er malte sie, als ob kein Unterschied zwischen der Haut eines nackten Mädchens und der Haut eines Hauses bestünde. Das war die dritte Haut, die tatsächlich etwas zeigte, das weinte, das lebte, es war faszinierend. Wenn Sie sich diese Häuser ansehen, haben Sie das Gefühl, sie seien Menschen.

Friedensreich Hundertwasser

Von fern her kommen wir gezogen
und flehen um ein wirtlich Dach.

Johann Wolfgang von Goethe

Leer bleibt die Nacht, leer bleibt das Haus.

Oda Schaefer

Man muß nur in die Fremde gehen, um das Gute kennen zu lernen, was man zu Hause besitzt.

Johann Wolfgang von Goethe

Das Ideal

Ja, das möchste:
Eine Villa im Grünen mit großer Terrasse,
vorn die Ostsee, hinten die Friedrichstraße;
mit schöner Aussicht, ländlich-mondän,
vom Badezimmer ist die Zugspitze zu sehn –
aber abends zum Kino hast du's nicht weit.

Das Ganze schlicht, voller Bescheidenheit:
Neun Zimmer – nein, doch lieber zehn!
Ein Dachgarten, wo die Eichen drauf stehn,
Radio, Zentralheizung, Vakuum,
eine Dienerschaft, gut gezogen und stumm,
eine süße Frau voller Rasse und Verve –
(und eine fürs Wochenend, zur Reserve) –,
eine Bibliothek und drumherum
Einsamkeit und Hummelgesumm.

Kurt Tucholsky

Vereinsamt

Die Krähen schrein
Und ziehen schwirren Flugs zur Stadt:
Bald wird es schnein.
Wohl dem, der jetzt noch – Heimat hat!

Nun stehst du starr,
Schaust rückwärts, ach! wie lange schon!
Was bist du Narr
Vor Winters in die Welt entflohn?

Die Welt – ein Tor
Zu tausend Wüsten stumm und kalt!
Wer das verlor,
Was du verlorst, macht nirgends halt.

Nun stehst du bleich,
Zur Winter-Wanderschaft verflucht,
Dem Rauche gleich,
Der stets nach kältern Himmeln sucht.

Flieg, Vogel, schnarr
Dein Lied im Wüstenvogel-Ton!
Versteck du Narr
Dein blutend Herz in Eis und Hohn!

Die Krähen schrein
Und ziehen schwirren Flugs zur Stadt:
Bald wird es schnein.
Weh dem, der keine Heimat hat!

Friedrich Nietzsche

Der Fuchs dreht im Sterben den Kopf hin zum Bau,
Die alte Heimat: wer kann sie vergessen?

Tsau Tsau

7/55

GEBORGENHEIT UND ZUFLUCHT

Das Haus ist das wesenhafte Tägliche.

Ortega y Gasset

Nicht für ein Paradies hätte ich den Park von Meyrignac hergegeben, für keinen Palast unsere Mietwohnung in der Stadt.

Simone de Beauvoir

Ich floh vor dem Krieg nach Haus.

Bernhard Seeger

Nicht da ist man daheim, wo man seinen Wohnsitz hat, sondern wo man verstanden wird.

Christian Morgenstern

Glückselig der, dessen Welt innerhalb des Hauses ist!

Johann Wolfgang von Goethe

Der ist am glücklichsten, er sei
Ein König oder ein Geringer, dem
In seinem Hause Wohl bereitet ist.

Johann Wolfgang von Goethe

Und meine Seele spannte
Weit ihre Flügel aus,
Flog durch die stille Lande,
Als flöge sie nach Haus

Joseph von Eichendorff

Heute sahen die Häuser vielerorts wie reisefertig drein. Obwohl sie schmucklos sind oder eben deshalb, drückt sich in ihnen Abschied aus. Im Innern sind sie hell und kahl wie Krankenzimmer, im Äußeren wirken sie wie Schachteln auf bewegbaren Stangen, aber auch wie Schiffe. Haben flaches Deck, Bullaugen, Fallreep, Reling, leuchten weiß und südlich, haben als Schiffe Lust zu verschwinden.

Überhaupt mehrt sich, während die moderne Architektur bei ihrem Entstehen grundsätzlich auf das Draußen orientiert war, auf Sonne und Öffentlichkeit, – es mehrt sich das Bedürfnis nach verschlossener Lebenssicherheit, wenigstens im Wohnraum.

Ernst Bloch

Zu Hause bin ich da, wo jeweils meine Familie sein mag, wo ich die Bekannten kenne.

Heinrich Böll

Die schönste Rede, die man unsern Zeiten halten kann, wäre: Über die Kunst, zu Hause zu bleiben.

Karl Julius Weber

Jeder ist König und Kaiser in seinem Hause.

Es gibt keinen Ort, der das eigene Haus ersetzt.

Keiner lebt nach seiner Sitte besser als in seiner eigenen Hütte.

Am Abend schätzt man erst das Haus.

Nord, Ost, Süd, West –
Zu Haus ist's am best.

Es gibt in jedem Haus mancherlei Dinge, die keinem Fremden für Geld zu haben sind, (...) denn es haften Gedanken und Lebenserinnerungen daran, die für keinen anderen Wert haben.

Berthold Auerbach

Nebel hängt wie Rauch ums Haus,
Drängt die Welt nach innen;
Ohne Not geht niemand aus;
Alles fällt in Sinnen.

Leiser wird die Hand, der Mund,
Stiller die Gebärde.
Heimlich, wie auf Meeresgrund
Träumen Mensch und Erde.

Christian Morgenstern

Wenn ich den Freund nun frage:
Wo blüht das Glück?
Zu Hause, zu Hause!
Spricht er mit frohem Blick.

Hermann von Hermannsthal

Ein Winterabend

Wenn der Schnee ans Fenster fällt,
Lang die Abendglocke läutet,
Vielen ist der Tisch bereitet
Und das Haus ist wohlbestellt.

Mancher auf der Wanderschaft
Kommt ans Tor auf dunklen Pfaden.
Golden blüht der Baum der Gnaden
Aus der Erde kühlem Saft.

Wanderer tritt still herein;
Schmerz versteinert die Schwelle.
Da erglänzt in reiner Helle
Auf dem Tische Brot und Wein.

Georg Trakl

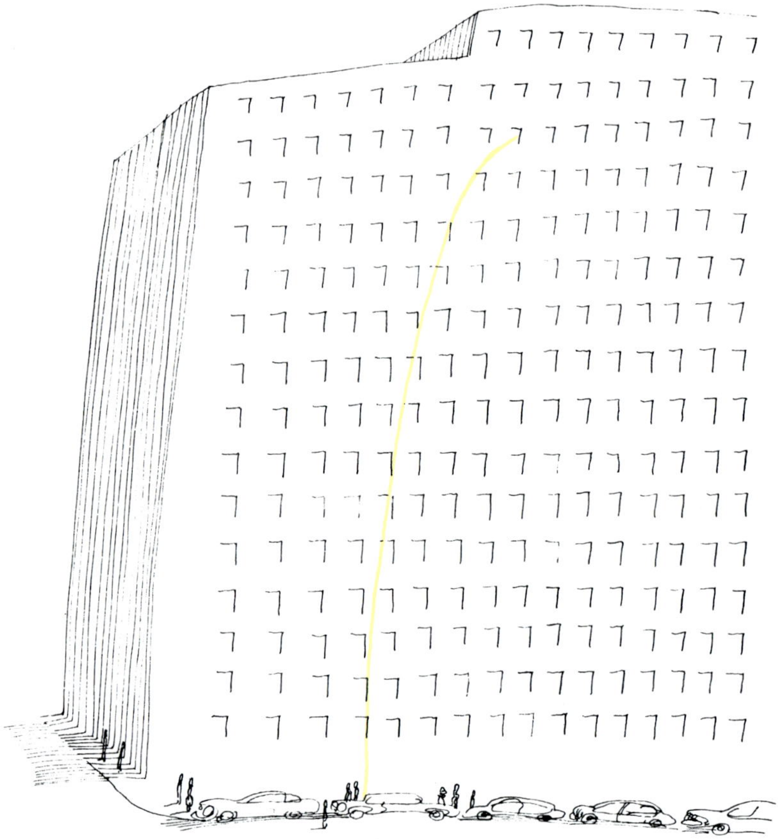

„Wie oft hab ich dir gesagt, daß du nicht aus dem Fenster pissen sollst!“

NACHDENKLICHES UND BEDENKLICHES

Ich gebe die Häuser den Menschen zurück. Nicht nur zum Schein, sondern wirklich. Es ist ab jetzt Recht und Pflicht jedes Bewohners von gefängnisgleichen glatten Schachteln, diese eigenhändig umzuformen, außen und innen, genau dort wo er wohnt, ohne Bevormundung.

Er beginnt damit, seine weiße Einheits-Tür zum Gang, seine weißen Einheits-Fensterrahmen zu streichen. In rot oder grün oder wie er es liebt, besonders außen, damit er sein Fenster erkennen kann, wenn er müde nach Hause kommt.

Friedensreich Hundertwasser

Kopfbild

Das alte Haus das du jetzt nicht mehr
Findest das Viereck des Hofs in der Sonne
Das nur in deinem Gehirn existiert worüber
Im Winter Krähen flattern Generationen
Ungeborener Krähen – du entdeckst nun
Einen einäugigen Kater den du vorher nicht
Kanntest und der in dein Herz blickt im Fell
Staub eines sehr alten Hauses das längst
Zusammengebrochen ist dessen Grundriß
Dir später sonderbar übersichtlich erscheint
Auf dem Kamille ein Dasein hat ein und der
Andere Pfiff altersschwacher Lokomotiven
In den hohen Etagen aus Wolken des Winds
Eine Weile sich hält der übriggebliebene
Stamm eines Birnbaums unter dem du dein
Hühnchen begrubst dir nicht aus dem Sinn geht –

Überlaß alles dem Schicksal gib dieses Haus auf
Und seine verkreuzten weißgescheuerten Treppen
Rückwärts fliegen sie unter das Dach vergiß die
Herzklopfenden Mansarden das jüdische Fräulein
Ihr altes krächzendes Grammophon und wäre es
Nur daß du innewirst wieviel Platz in deinem
Kopf außerdem ist: Stadtteile wuchern hin zu den
Wiesen mit hübschen oder rauchzerfressenen Häusern
Verwitterndem Türschmuck und einer gnadenlosen

Bevölkerung die jetzt einer Seeschlacht gedenkt
Ihre fürchterliche Fahne an einem Schiffsmast
Emporzieht während du eine eilig flüchtende Blume
Im Gefolge eines einäugigen Katers den Schwalben
Spielerisch attackieren in deinem wiederkehrenden
Traum über Splittergräben verwesende Leiber
Den Weg nimmst vor dem Westfälischen Frieden.

Sarah Kirsch

Verschollener Ruhm der Riesenstadt New York

Blühendes Land verbanden sie mit blühendem Land!
Endlos!
Die längsten der Welt! Diese Hochhäuser:
Die so hoch ihre Steine geschichtet hatten
Das sie alles überragten, betrachteten von ihrer Höhe
sorgenvoll die Neubauten
Die eben erst aus dem Boden wuchsen und die
Ihren Mammutbau überragen würden.
(Manche befürchteten schon, das Wachstum dieser Städte
Könnte nicht mehr gestoppt werden, sie müßten
Ihre Tage beschließen mit zwanzig Etagen anderer
Städte über sich
Und würden in Särgen verstaut, die übereinander
eingegraben werden!)

Bertolt Brecht

Ein sonnengelber federleichter Sand
Über die Nehrung geweht
Hat mein Haus begraben

Ist weitergewandert
Da steht mein Haus
Ein Skelett von Sparren

Marie Luise Kaschnitz

In dem Haus, wo ich wohnte, hatte ich den Klang und die Stimmung jeder Stufe einer alten hölzernen Treppe gelernt und zugleich den Takt, in welchem sie jeder meiner Freunde, der zu mir wollte, schlug, und ich muß gestehen, ich bebte allemal, wenn sie von einem Paar Füßen in einem mir unbekannten Ton heraufgespielt wurde.

Georg Christoph Lichtenberg

Aus Ton macht man Töpfe,
Die Leere darin ist aber das Wesen des Topfes.
Aus Mauern mit Fenstern und Türen
Macht man Häuser.
Die Leere darin aber ist das Wesen des Hauses.
Alles Stoffliche wirkt Nützlichkeit,
Alles Unstoffliche wirkt Wesenheit.

Lao-tse

Besser ein kleines Haus ganz, als ein großes halb.

Baust du ein Haus,
So bau es vollends aus.

Wer mitten im Haus wohnt, wird von oben besaicht – und von unten beräucht.

Das Haus ist nicht schön durch seine Ecken, sondern durch seine Küchen.

Die Kuh frißt, während sie geht; das Haus, während es steht.

Vier Aufforderungen an einen Mann von verschiedener Seite zu verschiedenen Zeiten

Hier hast du ein Heim
Hier ist Platz für deine Sachen.
Stelle die Möbel um nach deinem Geschmack
Sage, was du brauchst
Da ist der Schlüssel
Hier bleibe.

Es ist eine Stube da für uns alle
Und für dich ein Zimmer mit einem Bett.
Du kannst mitarbeiten im Hof
Du hast deinen eigenen Teller
Bleibe bei uns.

Hier ist deine Schlafstelle.
Das Bett ist noch ganz frisch
Es lag erst ein Mann drin.
Wenn du heikel bist
Schwenke deinen Zinnlöffel in dem Bottich da
Dann ist er wie ein frischer
Bleibe ruhig bei uns.

Bertolt Brecht

Wo die Häuserzeilen enden ...

Wo die Häuserzeilen enden
und das Schreberland beginnt,
bricht der Mörtel von den Wänden,
geht den ganzen Tag der Wind.
Drüben schwebt der Kran und Schwaden
steigen finster aus dem Schlot;
ausgebuchtet vom Verladen
sind die Gleise, starrt der Kot.

Grün und saftig stehn die Beete,
sind die Stauden; im Verschlag
lehnen sauber die Geräte.
Gleicher Schlag und anderer Schlag
geht in den zernagten Bauten,
in den Gärten aus und ein,
schluckt den Rost der Eisenrauten,
steckt den Lauch und zieht den Wein.

In den Häuserstümpfen tauchen
seltsam große Läden auf;
Tand, Konserven, Zeug zum Rauchen
steht im Fenster wirr zuhauf.
Janker, Schürze, Zwilch bedecken
in der Tür das Drahtgestell;
und es dreht sich auf dem Flecken
Raser bunt das Karussell.

Theodor Kramer

Das Haus

Mein Haus, die Wände, deren frisch geschlagenes
junges Holz noch duftet: ein unwohnliches Haus
an der Grenze, das knarrte
bei jedem Schritt, heulte und mit dem Wind, dem
        kriegerischen,
der australen Wetter, zum Element
des Sturmes wurde, unbekannter Vogel,
unter dessen Eisgefieder mein Gesang erwuchs.
Schatten sah ich, Gesichter, die Pflanzen gleich
rings um meine Wurzeln wuchsen, Verwandte,
die im Schatten eines Baumes Lieder sangen
und zwischen dampfenden Pferden schwätzten,
im Dunkel verborgene Frauen,
verlassen von den männlichen Turmgestalten,
wilde Ritte, die peitschten das Licht,
                                        seltene
Nächte des Zorns, Hunde, die heulten.
Mein Vater, im dunklen Morgendämmern
der Erde, zu welchen verlorenen Archipelen
rollte er in seinen heulenden Eisenbahnzügen hin?
Später liebte ich im Rauch den Kohlenruch,

die Maschinenöle, die vereisten Präzisionsachsen
und den mächtigen Zug, der wie eine stolze Raupe
den über die Erde sich breitenden Winter querte.
Plötzlich schlugen die Türen:
Es ist mein Vater.
Ihn umringen die Streckenarbeiter:
Eisenbahner in ihren durchnäßten Mänteln,
Dunst und Regen überfielen mit ihnen
das Haus, der Eßraum füllte sich mit heiseren
Geschichten, man leerte die Gläser,
und bis zu mir gelangten von jenen Wesen, einer
abgesonderten
Schranke gleich, in der die Schmerzen lebten,
die Sorgen, die düster drohenden
Narben, Menschen ohne Geld,
die erzene Klaue der Armut.

Pablo Neruda

Gleichzeitig

Über den Hof werden Särge getragen
Auf dem Hof radeln Kinder
Äste riesige brechen aus den Linden
Stürzen hinab in den Hof
Ein toter Soldat liegt auf dem Hof unterm Schnee
Brautpaare werden am Brunnen fotografiert
Trümmerschutt fällt auf den Hof
Ein Schimmelkopf zeigt sich im Fenster
Aus der Waschküche quellen Schwaden
Nackte Sohlen stampfen den Wein
Motorenlärm Geknatter von Traktoren
Alles gleichzeitig
Unter dem kupfernen Laub
Blühen Tulpen Narzissen
Und die Kinder auf ihren Rädern
Durchfahren die Toten leichthin.

Marie Luise Kaschnitz

Die Schnecke baut ihr Haus nicht, es wächst ihr aus dem Leib.

Georg Christoph Lichtenberg

Graf Kinsky sagte mir, als ich in Wien ankam: „Sie werden das kaiserliche Palais sehr häßlich finden." Mein Herr, gerne sieht man das häßliche Palais eines Fürsten, wenn die Häuser seiner Untertanen schön sind.

C. S. de Montesquieu

Manch einer hat sein Haus und glaubt, das wäre alles, wonach zu fragen sei.

Jurij Brézan

Ehrgeiz fängt die kleinen Seelen leichter als die großen, wie Stroh und Hütten leichter Feuer fangen als Paläste.

Nicolas-Sébastien Roch Chamfort

Es würde aber ein Irrtum sein, wenn man glauben wollte, daß die Äußerung des guten Geschmacks in einer angemessenen Verzierung der Gebäude nur bei eigentlichen Prachtgebäuden oder bei den Fassaden der Gebäude in den Residenz- und den Hauptstädten allein ihren Wirkungskreis finde, aber bei den gemeinen, besonders bei den Landgebäuden gänzlich außer acht gelassen werden könnte.

David Gilly

Häuser baut man zum Wohnen und nicht zum Anschauen; deshalb hat auch die Zweckmäßigkeit den Vorrang vor der Schönheit, ausgenommen, wo man beides vereinigen kann.

Francis Bacon

Die Menschen, die immerfort „warum" fragen, sind wie die Touristen, die immer Baedeker lesend, vor einem Gebäude stehen und durch das Lesen der Entstehungsgeschichte etc. daran gehindert werden, das Gebäude zu sehen.

Ludwig Wittgenstein

Erst das vererbliche Eigenheim, das die jeweils lebenden Generationen überdauert, gibt dem Bewußtsein der Fortdauer der Familie in der Folge der Generationen einen sichtbaren und greifbaren Halt, mit Wirkung jetzt zunächst nach vorwärts in die Zukunft, später auch nach rückwärts in die Vergangenheit.

Alexander Rüstow

Ein Haus

Ein Haus ... Nur der Grille Stimme klang
In die stillen Bereiche.
Manchmal, eines Mädchens kühler Sang.
Der wellengleiche.
Und ein Kind, ein Knabe lag tagelang
Am zitternden Teiche.

Hugo von Hofmannsthal

Im ersten Jahr vermiete dein Haus an deinen Feind, im zweiten an deinen Freund, im dritten lebe selbst darin.

◇

Wenn große Häuser stürzen, wird viel Staub.

◇

Wie der Grund, so das Gebäude.

◇

Die Eintracht baut das Haus, die Zwietracht reißt es nieder.

Hat man die Häuser zerfallen lassen, so sucht man die Ruinen zu erhalten.

Man baut die Häuser von unten auf.

Man soll nicht das Haus zerstören, das uns vor dem Wetter schützt.

Manches Haus zeigt, wie man kein Geld an ihm gespart, sondern nur Verstand.

Wer ein Haus kauft, hat manchen Balken und Nagel umsonst.

◇

Wer auf einmal einreißt, kann leicht im Schutt ersticken.

◇

Vom Traum zum Alptraum oder Der Wunsch nach dem Eigenheim.

Wolfgang Körner

◇

Je weniger Geld ein Besitzloser hat, desto intensiver träumt er vom Eigenheim.

Wolfgang Körner

Das Stundenbuch

In diesem Dorfe steht das letzte Haus
so einsam wie das letzte Haus der Welt.
Und einer, welcher stirbt in seinem Haus,
bleibt drinnen wohnen, bleibt in Tisch und Glas,
so daß die Kinder in die Welt hinaus
zu jener Kirche ziehn, die er vergaß.
Und manche stehn und schaun nach einem Haus,
darin die Pilger, welche krank sind, wohnen.

Rainer Maria Rilke

*I*hr vielen unbestürmten Städte,
habt ihr euch nie den Feind ersehnt?

Rainer Maria Rilke

*I*m allgemeinen serviert die Frau ihrem Mann den Wunsch nach einem Eigenheim zusammen mit seinem Lieblingsgericht.

Wolfgang Körner

„Unsere Kinder wären viel glücklicher, wenn sie im Garten eines eigenen Hauses Unsinn machen könnten", sagt die Frau dann, oder „Hast du schon daran gedacht, wieviel Miete wir ein Leben lang zahlen?" Häufig begründet sie den Wunsch nach einem Eigenheim auch damit, daß die Mietwohnung a) zu klein, b) zu groß, c) ungünstig geschnitten, d) zu laut, e) zu abgelegen sei, und das Ergebnis ist immer dasselbe: Der Wunsch nach einem Eigenheim ist geboren, er schreit bald lauter als die Kinder, und dann beginnen Rechenkunststücke.

Der hoffnungsvolle Eigenheimbesitzer in spe hat vorerst nur sein (...) Grundstück. Er will darauf nicht zelten, sondern bauen, und zwar nicht einfach ein Haus, sondern ein freistehendes Einfamilienhaus, um das er herumgehen kann. Meist wird daraus ein Reiheneigenheim, vor und hinter dem er nur auf ab gehen kann.

Wolfgang Körner

Die Motive, die zum Erwerb von Eigentumswohnungen führen, sind die üblichen: Unvernünftige wollen nicht ihrem Hauswirt den bekanntlich äußerst geringen Mietzins schuldig bleiben, sondern lieber diversen Kreditinstituten den Kapitalzins.

Wolfgang Körner

Selbstverständlich ist der Staat dafür, daß auch Besitzlose von der eigenen Hütte träumen; sie geben ihr Geld nicht aus, solange es noch etwas wert ist, verbergen es nicht vor seinem Zugriff (durch Grundbesitzabgaben); überdies hält sich ihr Neid auf unsere Bungalows in vernünftigen Grenzen, solange sie selbst vom eigenen Haus träumen.

Wolfgang Körner

Wem Fortuna ein Haus schenket, dem schenket sie auch Möbel.

Wilhelm Busch

Das Haus ist ein Teil des Staates.

Theophrast

Die Ruine ist die logische Entwicklung des Bauwerks.

Hanns-Dietrich von Seydlitz

Die Tür hat das schwerste Amt im Hause.

Man kann die Zukunft planen, ohne sie sich zu verbauen.

Wenn das Gebäude steht, fällt das Gerüst.

Wer verderben will und weiß nicht wie, kauf alte Häuser und baue sie.

Ein Gebäude, das zu schnell aufgeführt wird, besteht nicht lange.

Gleichnis des Buddha vom brennenden Haus

Neulich sah ich ein Haus. Es brannte. Am Dache
Leckte die Flamme. Ich ging hinzu und bemerkte

Daß noch Menschen drin waren. Ich trat in die Tür und
rief Ihnen
Zu, daß Feuer im Dach sei, sie also auffordernd
Schnell hinauszugehen. Aber die Leute
Schienen nicht eilig. Einer fragte mich
Während ihm schon die Hitze die Braue versengte
Wie es draußen denn sei, ob es auch nicht regne
Ob nicht doch Wind gehe, ob da ein anderes Haus sei
Und so noch einiges. Ohne zu antworten
Ging ich wieder hinaus. Die, dachte ich
Müssen verbrennen, bevor sie zu fragen
aufhören. Wirklich, Freunde
Wem der Boden noch nicht so heiß ist, daß er ihn lieber
Mit jedem anderen vertauschte, als daß er da bliebe, dem
Habe ich nichts zu sagen.

Bertolt Brecht

Inbesitznahme der großen Metro durch die Moskauer Arbeiterschaft am 27.04.1935

Denn es sah der wunderbare Bau
Was keiner seiner Vorgänger in vielen Städten vieler Zeiten
Jemals gesehen hatte: *als Bauherren die Bauleute!*
Wo wäre dies je vorgekommen, daß die Frucht der Arbeit
Denen zufiel, die da gearbeitet hatten? Wo jemals
Wurden die nicht vertrieben aus dem Bau
Die ihn errichtet hatten?
Als wir sie fahren sahen in ihren Wagen
Den Werken ihrer Hände, wußten wir:
Dies ist das große Bild, das die Klassiker einstmals
Erschüttert voraussahen.

Bertolt Brecht

architect
aa

Der Neubau eines Hauses verkürzt den Rest des Bauherrenlebens gewöhnlich um sieben Jahre.

Urs Sprüngli

Das Haus ist klein, aber das Herz ist groß.

Durch Weisheit wird ein Haus gebaut und durch Verstand erhalten.

Gott bewahre dich vor vier Häusern: dem Wirtshaus, dem Pfandleihhaus, dem Freudenhaus und dem Gefängnis.

Je höher das Haus, je schlimmer der Sturm.

In seinem Haus ist selbst der Arme ein Fürst.

Kommt das Glück des Hauses, so kommt das Glück der Welt.

Kein Streit so nahe gehn kann,
Als den zu Hause hat der Mann.

Wohl denen, die ein Dach jetzt han
Wenn solche Schneewind wehen.

Bertolt Brecht

Wenn das Haus eines Großen zusammenbricht,
werden viele Kleine erschlagen.

Bertolt Brecht

Damit das Dach der Welt erobert wird,
werden die Hüttendächer abgetragen.

Bertolt Brecht

In Erwägung, daß da Häuser stehen
Während ihr uns ohne Bleibe laßt
Haben wir beschlossen: jetzt dort einzuziehen
Weil es uns in unseren Löchern nicht mehr paßt.

Bertolt Brecht

Weiß einer einen Maurer und desgleichen
'Nen Grundbesitzer, der in Schulden steckt
Und weiß er noch 'nen obdachlosen Reichen
Dann weiß er auch genug und ist schon Architekt.

Bertolt Brecht

DER RAUM UND SEINE GESTALTUNG

ARCHITEKTUR UND KUNST

Die Architektur ist eine reine Kunst der Erfindung, denn für ihre Formen gibt es keine fertigen Prototypen in der Natur, sie sind freie Schöpfungen der menschlichen Phantasie und Vernunft.

Gottfried Semper

Architekt sein ist eine Art Besessenheit. Es ist ein toller Beruf; und es ist in unserer zerstörten, zerrissenen, von unbeherrschten Kräften brodelnden Zeit ein fast unmöglicher, fast übermenschlicher Beruf. Um nichts Geringeres geht es, als alle diese Kräfte aufzufangen, zusammenzufügen und umzuschaffen zu gültiger Gestalt.

Otto Bartning

Architektur: das Blühen der Geometrie.

Ralph Waldo Emerson

Zeichen eines Maßes: Das Maß angeben, das Maß nehmen, das Maß herrschen lassen, sind die unerläßlichen Schritte zur Ordnung, die Mittel zur Ordnung und damit das Ziel des wahren Architekten.

Le Corbusier

Bei der Gestaltung von Gebäuden geht es um die Suche, die Entwicklung, ja die Schöpfung einer Form, die die Idee des vorgegebenen Themas umfassend zum Ausdruck bringt. Aus der Synthese von Funktionserfüllung und Formwillen entsteht Architektur.

Harald Deilmann

Mehrere berühmte Architekten hatten der Reihe nach den Auftrag bekommen, einen prächtigen Dom zu bauen. Ohne daß sie ihren Plan vorher miteinander besprochen hatten, arbeitete jeder nach seinem Geschmack und seiner Begabung – da warf ein junger Mann einen Blick auf das prächtige Gebäude, aber er sah mehr auf die Fehler als auf die allerdings unregelmäßigen Schönheiten. Und so hielt er sich für weit bedeutender als jene großen Meister. Als er aber beauftragt wurde, eine Kapelle im Dom zu bauen, verfiel er in viel größere Fehler, als jene waren, die er so gut bemerkt hatte und erhob sich auch nicht zu den geringsten Schönheiten.

Luc de Clapiers Vauvenargues

Die erste und wichtigste Überlegung beim Hausbau ist die richtige Lage des Hauses auf dem Grundstück. Alle Wohnungen sollen Sonnenlage haben und der Garten soll sich vor den Wohnungsräumen ausdehnen.

*

Wir werden genötigt sein, uns in Zukunft mit kleinsten Häusern zu begnügen.

*

Ausgangspunkt beim Hausbau muß immer das Bedürfnis bleiben, das auch auf die Gestaltung den machtvollsten Einfluß ausübt.

Hermann Muthesius

Bauen ist eine Grundtätigkeit des Menschen. Der Weg des Menschen auf der Erde führt vom Greifen zum Begreifen. (...) Der Gestaltschaffende, der Künstler, ganz insbesondere der Baumeister, geht immer wieder diesen Weg zwischen Greifen und Begreifen. Der Baumeister lebt und leidet und schafft aus eben dieser Spannung zwischen Zugriff und Begriff. (...) Es gehört zum Wesen des Baumeisters, daß er die Erde, diese seine geliebte Erde aufwühlt, Fundamente versetzt und bettet und aus den Stoffen der Erde Bauten errichtet mit greifenden Händen, die aus dem Unbewußten begabt und getrieben sind, und mit scharfen Kalkulationen, Gedanken und Begriffen.

Otto Bartning

Zur Hälfte sind wir Architekten Advokaten, denn wir müssen ein Ding, das noch gar nicht da ist, demjenigen, der es bezahlen soll, so einreden, daß er ganz davon erfüllt ist und es baut.

Das ist eine ganz verteufelte Aufgabe. Nun haben wir uns daran gewöhnt, ein Ding, das zum guten Teil aus dem Unterbewußtsein und aus dem Herzen entstanden ist, vor dem Bauherrn dann so darzustellen, als ob es eine Sache der Gründe und Überlegungen wäre.

Otto Bartning

Bauen heißt, Vorgänge des Lebens (Wohnen, Feiern und Verwalten) zweckmäßig behausen und zugleich den Sinn und Wert dieser Lebensvorgänge sichtbar darzustellen. Wie weit beides in einem Werk gelingt, hängt von der „Kunst" ab, das heißt vom „Können" sowohl wie von der Kraft des „Kündens". Wo das innere Bekenntnis zu dem Vorgang des Lebens fehlt, fällt das „Künden" weg, und der Bau bleibt dem bloßen „Können" überlassen.

Otto Bartning

Architektur ist eine Art Macht-Beredsamkeit in Formen, bald überredend, selbst schmeichelnd, bald bloß befehlend.

Friedrich Wilhelm Nietzsche

Baukunst ist raumgefaßter Zeitwille: Lebendig - Wechselnd - Neu.

Mies van der Rohe

Die Baukunst verlangt unter vielem anderen, sich dem hart mitgenommenen Bruder Mensch zuzuwenden und für ihn das Heim zu schaffen.

Le Corbusier

Ich habe unter meinen Papieren ein Blatt gefunden, wo ich die Baukunst eine erstarrte Musik nenne.

Johann Wolfgang von Goethe

Die Architektur ist gleichsam eine Weltchronik: Sie spricht dann noch, wenn die Lieder und die Sagen schon verstummt sind und nichts mehr von einem untergegangenen Volk kündet.

Nikolai Gogol

Gute Architektur muß das Leben der Zeit widerspiegeln. Und das erfordert intime Kenntnis der biologischen, sozialen, technischen und künstlerischen Fragen.

Walter Gropius

Kein Stil vergangener Zeiten kann das Leben des Menschen des 20. Jahrhunderts widerspiegeln. Es gibt in der Baukunst nichts Endgültiges – nur beständigen Wandel.

Walter Gropius

Die Baukunst soll ein Spiegel des Lebens und der Zeit sein. Wir müßten also aus ihren gegenwärtigen Zügen die führenden Kräfte dieser Zeit erkennen.

Walter Gropius

In der Baukunst kommen wir, wie überhaupt in aller Kunst, nicht aus ohne den Begriff des Maßes, ohne das Wissen, daß gestalten zu gleicher Zeit auch begrenzen heißt. (...) Es gilt, die Grenzen so zu setzen, daß ein ausgewogenes Maß gefunden wird und die Dinge ein richtiges Verhältnis zueinander haben. Jeder, der etwas von Baukunst versteht, weiß, daß wir ein Bauwerk vor allem auch danach beurteilen, ob die richtigen Proportionen gefunden sind.

Ludwig Metzger

Unter den vielen Fächern, die direkt ins öffentliche Treiben eingreifen, ist das Baufach eines der wenigen, welches des negativen Vorteils sich zu erfreuen hat, daß fast jedermann, also auch der Nichtfachmann, in dieser oder jener Richtung, diesem oder jenem Stück desselben sich für urteilsfähig hält, als wären die Kenntnisse im Bauwesen allen Menschen ohne Ausnahme durch die Muttermilch schon zu eigen.

Ludwig Bohnstedt

Ein Dirigent, in dessen Orchester die Streicher keine Lust haben, die Bläser falsch spielen und der Pauker schläft, wirkt wie ein mit den Armen um sich schlagender Irrer. Und so der Architekt, den die Handwerker und Künstler im Stich lassen.

Otto Bartning

Der Grundriß ist eine Partitur, eine Notenschrift - aber der Bau ist die gespielte Musik.

Otto Bartning

Architektur ist das weise, richtige und wundervolle Spiel der Körper unter dem Licht.

Le Corbusier

Die ganze heutige Architektur ist tatsächlich unaufhörlich polemisch. Sie setzt sich mit einer polemischen Gebärde zwischen die alten Formen dazwischen: „Ich will nichts mit euch zu tun haben", obgleich sie sich sagen müßte, daß sie dadurch, daß sie in dem gleichen Raum ist, sehr viel mit ihnen zu tun hat. Sie setzt sich mit ihrer weißen Farbe zwischen alle farbgetränkten früheren architektonischen Gebilde dazwischen, mit ihrem verdammten Weiß, und sagt: „Ich bin die unbefleckte Jungfrau, ihr seid alle verdorben." Das ist Polemik. Die wirkliche Architektur hat eine duldsame Vornehmheit.

Alfred Weber

*D*er Architekt ist zuerst und zuletzt immer ein Poet, der Baustoffe verwendet wie der Maler Farben, der Musiker Töne.

Der Architekt muß, um wahrhaft groß und wirklich nützlich zu sein, dem passiven Baustoff persönliche oder geistige menschliche Qualität verleihen, die den toten Baustoff auch für andere verlebendigt. Tut er das nicht, so versagt er völlig und ist ein öffentliches Ärgernis und nicht, was er sein sollte, ein öffentlicher Wohltäter.

Louis Sullivan

*D*er moderne Architekt bemüht sich um ein lebendiges Verhältnis des Baues zur Landschaft.

Peter Schneider

Der Lattenzaun

Es war einmal ein Lattenzaun,
mit Zwischenraum, hindurchzuschaun.
Ein Architekt, der dieses sah,
stand eines Abends plötzlich da
und nahm den Zwischenraum heraus
und baute draus ein großes Haus.
Der Zaun indessen stand ganz dumm,
mit Latten ohne was herum.
Ein Anblick, gräßlich und gemein,
drum zog ihn der Senat auch ein.
Der Architekt jedoch entfloh
nach Afri- od Ameriko.

Christian Morgenstern

Der Architekt ist seinem Begriff nach der Veredler aller menschlichen Verhältnisse, er muß in seinem Wirkungskreise die gesamte schöne Kunst umfassen. Plastik, Malerei und die Kunst der Raumverhältnisse nach Bedingungen des sittlichen und vernunftgemäßen Lebens des Menschen schmelzen bei ihm in seiner Kunst zusammen.

Karl Friedrich Schinkel

Die Architektur ist also die letztgeborene der Künste, zugleich aber die Vereinigung aller Zweige der Industrie und Kunst zu einer großen Gesamtwirkung und nach einer leitenden Idee.

Gottfried Semper

Architektur ist gefrorene Musik.

Arthur Schopenhauer

Die Architektur ist die erstarrte Musik.

Friedrich Wilhelm Schelling

Niemand, der kein großer Bildhauer oder Maler ist, kann ein Architekt sein – höchstens ein Baumeister.

John Ruskin

Man hat die Architektur „Mutter der Künste" genannt. – Bei der Baukunst und den bildenden Künsten handelt es sich aber um Geschwister.

Harald Deilmann

Der Stein ist mehr Stein als früher

Wir verstehen im allgemeinen Architektur nicht mehr. Wenigstens lange nicht in der Weise, wie wir Musik verstehen. Wir sind aus der Symbolik der Linien und Figuren herausgewachsen, wie wir der Klangwirkungen der Rhetorik entwöhnt sind, und haben diese Art von Muttermilch der Bildung nicht mehr vom ersten Augenblick unseres Lebens an eingesogen. An einem griechischen oder christlichen Gebäude bedeutete ursprünglich alles etwas, und zwar in Hinsicht auf eine höhere Ordnung der Dinge: Diese Stimmung einer unausschöpflichen Bedeutsamkeit lag um das Gebäude gleich einem zauberhaften Schleier. Schönheit kam nur nebenbei in das System hinein, ohne die Grundempfindung des Unheimlich-Erhabenen, des durch Götternähe und Magie-Geweihten wesentlich zu beeinträchtigen. Schönheit milderte höchstens das Grauen – aber dieses Grauen war überall die Voraussetzung. – Was ist uns jetzt die Schönheit eines Gebäudes? Dasselbe wie das schöne Gesicht einer geistlosen Frau: etwas Maskenhaftes.

Friedrich Nietzsche

Moderne Architektur ist das aus der richtigen Erkenntnis einer fehlenden Notwendigkeit erschaffene Überflüssige.

Karl Kraus

Beim Architekten ist die Priorität auf das Verbrauchen von Form und Raum für die Funktion eines Gebäudes ausgerichtet. Beim bildenden Künstler stehen die Fragen nach dem Raum, der Form und der Farbe im Vordergrund. Form und Farbe wirken auf die Psyche des Menschen. Bei der Architektur ist dieses Wissen in den letzten Jahrzehnten in Vergessenheit geraten (...).

Otto Herbert Hajek

Der gestaltende Architekt kann (...) Illusionen erzeugen, die die realen Tatsachen der Konstruktion und der aktuellen Masse zu widerlegen scheinen.

Walter Gropius

Das Endziel aller bildnerischen Tätigkeit ist der Bau (...). Architekten, Maler und Bildhauer müssen die vielgliedrige Gestalt des Baues in seiner Gesamtheit und in seinen Teilen wieder kennen- und begreifenlernen, dann werden sich von selbst ihre Werke wieder mit architektonischem Geist füllen, den sie in der Salonkunst verloren.

Walter Gropius

Baukunst ist keine angewandte Archäologie.

Walter Gropius

Entscheidend für die Beurteilung eines Bauwerkes bleibt die Feststellung, ob der Architekt und Ingenieur mit einem geringsten Aufwand von Zeit und Material ein Instrument geschaffen hat, das funktioniert, d. h. das dem geforderten Lebenszweck vollendet dient, wobei diesem Lebenszweck sowohl seelische wie materielle Forderungen zugrundeliegen können.

Das Raumgefühl verändert sich; während die alten Zeiten abgeschlossener Kulturentwicklungen die schwere Erdgebundenheit in festen, monolith wirkenden Baukörpern und individualisierten Innenräumen verkörperten, zeigen die Werke der heutigen richtungsgebundenen Baumeister ein verändertes Raumempfinden, das die Bewegung, den Verkehr unserer Zeit in einer Auflockerung der Baukörper und Räume widerspiegelt und den Zusammenhang des Innenraumes mit dem Allraum zu erhalten sucht, was die abschließende Wand verneint.

Walter Gropius

Architektur braucht überzeugende Führung, wenn notwendig sogar im Gegensatz zum Bauen.

Walter Gropius

Für den Bau von Luftschlössern gibt es keine architektonischen Regeln.

Gilbert Keith Chesterton

Architektur wie Plastik haben das Eine gemeinsam, daß sie den Raum gestalten.

Max Bill

BAUEN UND KONFLIKTE

Baupläne

Ein Mensch, von Plänen wild bewegt,
Hat hin und her sich überlegt,
Wie er, es koste, was es wolle,
Sein hübsches Häuschen bauen solle,
Hat, prüfend Dutzende Entwürfe,
Geschwankt, wer es ihm bauen dürfe
Und wo es in der weiten Welt
Am besten würde aufgestellt?
In das Gebirg? An einen See?
Dem Menschen tut die Wahl so weh,
So daß er Frist um Frist versäumt;
Das nette Häuschen bleibt geträumt.
Ein Unmensch, auf den nächsten Fleck
Setzt kurz entschlossen seinen Dreck.
Der ganzen Welt ist es ein Graus –
Doch immerhin, er hat ein Haus!

Eugen Roth

4,33
2,88
3,30
SCHUTZRAUM
1986
ARNHEIM - SOONSBEEK

Ermüdung

Ein Mensch erfährt es mit Empörung:
Der schönsten Landschaft droht Zerstörung!
Ein Unmensch baut, und zwar schon bald,
Ein Industriewerk nah am Wald.
Der Mensch hat Glück und ihm gelingt,
Daß er die Welt in Harnisch bringt.
Ja, alles stellt er auf die Beine:
Behörden, Presse, Funk, Vereine,
Die scharf in Resolutionen
Auffordern, die Natur zu schonen.
Der Unmensch hat das oft erprobt:
Er wartet, bis man ausgetobt,
Dann rückt – die Zeit ist ja sein Acker –
Er an mit Säge und mit Bagger.
Eh neuer Widerspruch sich regt,
Hat er den Wald schon umgelegt.
Inzwischen hat sich längst der Haufen
All der Empörer müd verlaufen;
Vergebens stößt in seinem Zorn
Der Mensch nun abermals ins Horn.
Der Landrat rät dem Unbequemen,
Die Sache nicht mehr aufzunehmen;
Es wollen Presse auch und Funk
Sich nicht mehr mischen in den Stunk.
Der Mensch steigt von den Barrikaden:
Er ist zum Richtfest eingeladen.

Eugen Roth

Im Bauen erbauen wir uns, erbaut sich der einzelne und erbauen sich die Völker. Durch das Bauen gestaltet der Mensch die Landschaft, verändert er allein das Bild der Erde, wie der Erbauer menschlicher Bedürfnisse. Bauen ist gestaltete Notwendigkeit, durch deren Darstellung der Mensch seinem höheren Bewußtsein dauernden sichtbaren Ausdruck verleiht.

Paul Schmitthenner

Wir haben lange Zeit zu sehr für die Straße und für die, die sich Häuser von außen ansehen, gebaut und zu wenig daran gedacht, daß sie für Menschen vorgesehen waren, die darin arbeiten, leben und wohnen sollen. Deshalb war es wohl eine der revolutionärsten Veränderungen im Bauwesen, als Architekten daran gingen, auch die äußere Form des Hauses von den Raumbedürfnissen der Familie abhängig zu machen.

Georg August Zinn

Der Bau

Wir bauen schon an diesem Haus
Seit tausend, abertausend Tagen,
Und sehn es wachsen hoch hinaus
Und steigend in die Sterne ragen,
Verloren ging des Meisters Wort,
Und keiner ahnt: Wann wird es enden;
Wir aber bauen immerfort
Mit müdem Sinn und regen Händen.
Wir haben keine Zeit, zu ruhn,
Als ob wir es vollenden müßten,
Wir sterben hoch in den Gerüsten.
Kaum, daß von Sehnsucht jäh geschwächt,
Wir innehalten mit dem Fronen:
Wann kommt das selige Geschlecht,
Bereit zu ruhen und zu wohnen!?

Eugen Roth

Wir glauben, daß Bauen und Verbessern der Lebensmöglichkeiten dringlicher sind als Genießen, Sammeln und Geschmackskultur der Formen. Weil wir den Übergang von Kultur zu Zivilisation und die Umwertung der Maße für diese Begriffe erleben, bedauern wir nicht, unsentimental zu werden und rational. Denn wir sind jetzt ohne Ausnahme an den Pfennig gebunden.

Josef Albers

Bauen bedeutet Gestaltung von Lebensvorgängen, nicht nur ästhetische, nur wirtschaftliche oder nur technische Spezialarbeit.

Walter Gropius

Es ist schön, daß der Baumeister aus seiner Vorstellung heraus in die Wirklichkeit hineinwachsen läßt, was uns wohnhaft macht.

Gustav Wolf

Der Baumeister ist ein Vermittler zwischen Sinn und Werk, in seinem Plan wird die Brücke von der geistigen zur körperlichen Welt geschlagen.

Gustav Wolf

Bauen ist Bildung einer Innenwitterung.

Gustav Wolf

Bauen heißt Sichtbarwerden, heißt Bekennen nicht mit Worten, die verklingen oder sich umdeuten lassen, sondern mit Steinen, die bestehen und oft mehr Bekenntnis offenbaren und für Kind und Kindeskinder dartun, als die Bauenden ahnen.

Otto Bartning

Bauen im umfassenden Sinne heißt: die ungeheuere Zerrissenheit und die großen Möglichkeiten unserer Zeit einschmelzen, es heißt unser Dasein, soweit es im Sichtbaren verläuft, ordnen und dadurch vereinfachen, gestalten und dadurch beherrschen, formen und dadurch deuten.

Otto Bartning

Man mag immerhin Fehler begehen - bauen darf man keine.

Johann Wolfgang von Goethe

Zeige mir, wie du baust, und ich sage dir, wer du bist.

Christian Morgenstern

Bauen gestaltet die Zukunft.

Herbert Thul

Was die Hände bauten, können die Hände stürzen.

Friedrich Schiller

Die Väter bauen Häuser ihrer Hoffnungen für die Söhne.

Jurij Brézan

Bauen ist ein süß Verarmen.

Marcus Crassus

Bauen kann nur hab' ich, nicht hätt' ich.

Marcus Crassus

Wer keine Ziegel zum Dach hat,
fange nicht mit Marmor zu bauen an.

Bauen und prozessieren kann an den Bettelstab führen.

Bauen ist eine Lust, nur kostet es Geld.

Wer baut, braucht nicht bloß Quadern, sondern auch Füllsteine.

Wer gut baut, soll auch gut wohnen.

Ich hab' gebaut nach meinem Sinn, drum, Neider, geh nur immer hin, und wenn die Bauart nicht gefällt, der bau es besser für sein Geld.

Wer von der Bausucht befallen wurde, braucht keinen anderen Gegner, um sich zugrunde zu richten.

Durch Bauen lernt man bauen.

Man muß so bauen, daß man sich nicht aus dem Haus hinausbaut.

Wer bauen will, muß zwei Pfennig für einen rechnen.

Der Entwurf ist oft besser als das Gebäude.

Eines Mönches wegen baut man kein Kloster.

Bauen hat ein weites Maul.

Erst schauen, dann bauen.

Wer bauen will nach Jedermanns Rath, bekommt ein Haus, das buckelich staht.

Bauen ist schwerer als einreißen.

Wenn die Könige bauen, haben die Kärrner zu tun.

Auf den Traum ist nicht zu bau'n.

Was flüchtig aufgebaut, fällt schnell zusammen.

Mancher baut ein Schloß in die Luft, der keine Hütte auf Sand bauen kann.

Was einer baut, daß zerbricht oft ein andrer.

Narren bauen Häuser, der Kluge kauft sie.

HANDWERK UND BERUF

Architekten, Bildhauer, Maler, wir alle müssen zum Handwerk zurück! Denn es gibt keine „Kunst von Beruf". Es gibt keinen Wesensunterschied zwischen dem Künstler und dem Handwerker. Der Künstler ist eine Steigerung des Handwerkers.

Walter Gropius

Wo Handwerker und Tagelöhner die größere Menge des Volkes bilden, da wird leicht die äußerste und ausgelassenste Demokratie sich erzeugen.

Aristoteles

Vielwisser dürfen in dem Glauben leben, daß es bei der Tischlerarbeit auf die Gewinnung von Hobelspänen ankommt.

Karl Kraus

Bei manchem Handwerker fällt der Groschen erst, wenn man mit zehn Mark nachhilft.

André Brie

Was ist der Maler? Ein Mann, der trefflich tapeziert und Ofennischen marmoriert und dem für künstlerische Zwecke erreichbar selbst die höchste Decke.

Wilhelm Busch

Der Glaser lebt vom Wind

Daß ein Haus zum Wohnen taugt,
Schmückt ich's rings mit Fenstern aus.
Was dem Menschen ist das Aug',
Ist das Fenster für das Haus.

Aus dem Fenster sieht gemächlich
Jeder in die Welt hinaus, hinein,
Was der Mensch macht, ist zerbrechlich,
Täglich schlägt man Fenster ein.

Das ist in der Ordnung eben:
Der verliert und der gewinnt,
Denn vom Tode lebt das Leben
Und der Glaser lebt vom Wind.

(Handwerkerlied)

Der Maurer

Ich hab' gesehn beim Nachbar Klaus,
wer ihm erbaut das neue Haus:
Der Maurer legte Stein auf Stein,
der Zimmrer setzte Wände ein,
und als er dann das Dach gericht',
da machten alle Bauleut' Schicht;
sie steckten eine Fahne raus
und feierten bei Trank und Schmaus -
Das wär' fürwahr ein Weh und Ach,
wenn wir nicht hätten Dach und Fach
und hausten auf dem freien Feld
bei Sturm und Regen, Schnee und Kält'.

Johannes Fritzen

Zimmerspruch

Das neue Haus ist aufgericht't,
Gedeckt gemauert ist es nicht,
Noch können Regen und Sonnenschein
Von oben und überall herein.
Drum rufen wir zum Meister der Welt,
Er wolle von dem Himmelszelt
Nur Heil und Segen gießen aus
Hier über dieses offne Haus.
Zuoberst wolle er gut Gedeihn
In die Kornböden uns verleihn,
In die Stube Fleiß und Frömmigkeit,
In die Küche Maß und Reinlichkeit,
In den Stall Gesundheit allermeist,
In den Keller dem Wein einen guten Geist;
Die Fenster und die Pforten woll er weihn,
Das nichts Unseliges komm herein
Und daß aus dieser neuen Tür
Bald fromme Kindlein springen für.
Nun Maurer, decket und mauret aus!
Der Segen Gottes ist im Haus.

Ludwig Uhland

Mache deinem Meister Ehre,
O Geselle, baue recht!
Wie das Maß er hat genommen,
Nimm die Kelle, baue recht!

Frage nicht, was mühsam heute
Deine Hand gefügt, wie bald
Wohl ein Sturm der Zeiten wieder
Es zerschelle: baue recht!

Laß nicht deinen Unmut fragen,
Welch Bewohner's Ungeschmack
Künftig die von dir gebaute
Wand entstelle: baue recht!

Hermann Stehr

So, so,
Vier Maurer saßen einst auf einem Dach.
Da sprach der erste: „Ach!“
Der zweite: „Wie ist’s möglich dann?“
Der dritte: „Daß das Dach halten kann!“
Der vierte: „Ist doch kein Träger dran!“
Und mit einem Krach
Brach das Dach.

Kurt Schwitters

Wie das Werkzeug, so der Meister.

Sind die Bauleute zu viele, so wird das Haus schief.

Den Maurern ist im Sommer kein Maß Bier zu teuer, im Winter kein Knust Brot zu hart.

ANHANG

ABBILDUNGEN

Seite 6
Ludwig Mies van der Rohe, „G“ Zeitschrift für elementare Gestaltung, Nr. 3, Juli 1924, herausgegeben von Hans Richter, Redaktion: Gräff, Kiesler, Mies van der Rohe, Richter

Seite 12
Günter Tuzina, Selbstform 1-2-3, 1991, Lithografie (3. Bild aus Serie), 90 x 70 cm, Sammlung Deutsche Bank Bauspar AG

Seite 19
Ludger Gerdes, ohne Titel, 1990, Aquarell, 40 x 48 cm

Seite 26
Burkhart Beyerle, ohne Titel, 1988, Holzschnitt, 35 x 50 cm, Sammlung Deutsche Bank Bauspar AG

Seite 31
Hermann Nitsch, 2. stockwerk unter der erde; krypta des o.m. theaters, 1984/87, Lithografie, 72 x 58 cm, Sammlung Deutsche Bank Bauspar AG

Seite 35
Dirk Skreber, ohne Titel, 1990, Öl auf Leinwand, 240 x 150 cm, Sammlung Deutsche Bank Bauspar AG

Seite 47
Mathias Völcker, ohne Titel, 1989, Bleistift, 52 x 46 cm, Sammlung Deutsche Bank Bauspar AG

Seite 53
Bernd und Hilla Becher, Fachwerkhaus, 1974, Offset, 66 x 50 cm, Sammlung Deutsche Bank Bauspar AG

Seite 61
Dieter Roth, Picadilly, 1970, Siebdruck, 50 x 70 cm, Sammlung Deutsche Bank Bauspar AG

Seite 66
Ruth Hallensleben, Werbefoto für ein neues Garagenmodell, Sammlung W. Schürmann

Seite 75
Felix Bonfils, Touristen besteigen die Cheopspyramide, Ägypten, um 1870, Fotografie

Seite 79
Albert Renger-Patzsch, Gartenkolonie bei Essen, 1929, Fotografie

Seite 87
Horst Antes, Kniende Figur und Haus, 1987, Aquatec mit Sägemehl auf Sperrholz, 180 x 200 cm, Galerie Neumann

Seite 92
George Brecht, ausgeführter Entwurf für die Serie „Postkarten zum Selbermachen", 1982

Seite 97
Karl Friedrich Schinkel, Palast in Orlanda auf der Krim, Entwurf der Terrasse am Meer, 1838, Aquarell

Seite 99
Axel Hütte, Vescona II, 1991, Fotografie, 177 x 230 cm, Sammlung Deutsche Bank Bauspar AG

Seite 102
Stefan Wewerka, Die 7 Weltwunder, 1972, Radierung koloriert (Mappe mit 7 Blättern), 64 x 64 cm, Sammlung Deutsche Bank Bauspar AG

Seite 110
Friedrich Karl Waechter, Wie oft habe ich dir gesagt ..., aus: „Es lebe die Freiheit" 1980, Federzeichnung und Farbstift

Seite 117
Maurits Cornelis Escher, Belvedere

Seite 123
Kasimir Malewitsch, Kabarett, 1930, Zeichnung, Sammlung Ludwig

Seite 139
Marcel Broodthaers, Architect, 1975, Gouche auf Tapete, Detail

Seite 149
Werner Mantz, Wandgliederung eines Wohnblocks in der Siedlung Köln-Riehl, Ruhrortstraße um 1929, Fotografie, Museum Ludwig, Köln

Seite 160
Karl Valentin, Der mißtrauische Hauskäufer, mit Guido Thielscher, um 1930, Foto-Exposé für eine Filmszene

Seite 170
Thomas Schütte, Für Aussen, 1987, Siebdruck, (Mappe mit 12 Blättern), 84 x 60 cm, Sammlung Deutsche Bank Bauspar AG

Seite 184
Holger Bunk, Gartenwand, 1987, Aquarell, 24 x 32 cm, Sammlung Deutsche Bank Bauspar AG

KÜNSTLERVERZEICHNIS

Antes, Horst, geboren 1936 in Heppenheim an der Bergstraße, studierte bei HAP Grieshaber an der Karlsruher Akademie, an der er seit 1965 selbst lehrt. Sein Werk als Maler – er ist auch als Bildhauer, Grafiker und Keramiker tätig – wird der Neuen Figuration der frühen 60er Jahre zugeordnet.

Becher, Bernd und Hilla, geboren 1931 in Siegen (Bernd), 1934 in Potsdam (Hilla), verstehen ihre Arbeit als eine systematische Wiedergabe und dokumentarische Bestandsaufnahme industrieller Bauten des 19. und 20. Jahrhunderts. Bernd Becher lehrt Fotografie als Professor an der Düsseldorfer Akademie.

Beyerle, Burkhart, geboren 1930 in Frankfurt am Main, Architekturstudium in Aachen, tätig am Universitätsbauamt Konstanz. Der Holzschneider behandelt Themen der konkreten Kunst der 60er Jahre in der Form der Groteske, in der sich zivilisatorische Gegenstände verlagern.

Bonfils, Felix, in Frankreich 1831 in St. Hippolyte du Fort geboren und 1885 in Alais gestorben. Das zentrale Thema seiner Fotografien bilden die touristischen Zentren im Vorderen Orient. Sie stammen im wesentlichen aus den Jahren zwischen 1867 und 1878.

Brecht, George, geboren 1926 in Halfway (Oregon, USA), arbeitet in Köln. Der Künstler, von seiner Ausbildung her Chemiker, war schon ab 1959 an den entscheidenden Happening- und Fluxusaktionen in New York, Düsseldorf, Kopenhagen usw. beteiligt und ist der Erfinder der „Events".

Broodthaers, Marcel, geboren 1924 in Brüssel, gestorben 1976 in Köln, weicht den kategorialen Zuordnungen von Dada, Surrealismus, Konzeptkunst und literarischen Bezügen aus. Dadurch bringt er durch die verschiedensten Medien den umfassenderen Kunstkontext mit dessen wahren und falschen Werten, Symbolen, dessen Renommee und Besitztümer zur Darstellung.

Bunk, Holger, geboren 1954 in Essen, studierte bei Alfonso Hüppl und Peter Kleemann an der Düsseldorfer Akademie, lebt in Soest und Amsterdam. Seine

Installationen, die Malerei und Zeichnungen konzentrieren sich auf die menschliche Figur und reflektieren mit Skepsis die Positionen des Realismus.

Escher, Maurits Cornelis, in den Niederlanden 1898 in Leenwarden geboren und 1972 in Baarn gestorben. Er besuchte die Kunstgewerbeschule in Haarlem. Das Werk dieses Holzschneiders handelt von den Perspektiven, dem Unendlichen, den Verdrehungen und Spiegelungen.

Gerdes, Ludger, geboren 1954 in Lastrup bei Lindern, studierte 1975-82 an der Düsseldorfer Akademie u.a. bei Gerhard Richter und lebt in München. Er betont bei seinen Skulpturen, den malerischen und graphischen Arbeiten deren Möglichkeitsform, die formale und rationale Komponente des Werks und dessen Autonomie.

Hallensleben, Ruth, in Köln 1898 geboren und 1977 gestorben. Sie kam in den 30er Jahren zur Fotografie und war nach wenigen Jahren, im Krieg und in der Nachkriegszeit die bedeutendste Industriefotografin, die erste Frau, die quasi einbezogen in das Geschehen vor Ort fotografierte, „der Kumpel mit der Kamera".

Hütte, Axel, geboren 1951 in Essen, lebt in Düsseldorf, Nach seinem Soziologiestudium an der Universität Köln studierte er 1973-81 Fotografie an der Kunstakademie Düsseldorf bei Bernhard Becher. Die objektivierenden Bildmotive seiner Fotografien sind gekennzeichnet durch Ausschnitte aus seinem urbanen oder landschaftlichen Umfeld.

Malewitsch, Kasimir, geboren 1878 bei Kiew, gestorben 1935 in Leningrad. Der Maler, Grafiker und Kunsttheoretiker ist der Begründer des Suprematismus, der in Rußland ab 1913/15 den Beginn der abstrakten Malerei initiierte. Ende der 20er Jahre kehrte er zur gegenständlichen Malerei zurück.

Mantz, Werner, geboren 1901 in Köln, gestorben 1983 in Maastricht, studierte an der Bayerischen Staatslehranstalt für Lichtbildwesen. Der Fotograf fand in der zweiten Hälfte der 20er Jahre in der Architektur sein Hauptthemengebiet. Nach 1938 verlegte er sich zunehmend auf die Porträtfotografie.

Mies van der Rohe, Ludwig, geboren 1886 in Aachen, gestorben 1969 in Chicago; Lehre im Büro von Bruno Paul, Mitarbeiter bei Behrens, freier Architekt in Berlin, 1930-1933 Direktor des Bauhauses. Emigration in die USA. Er zählt zu den bedeutendsten Architekten des 20. Jahrhunderts.

Nitsch, Hermann, geboren 1938 in Wien, lebt in Prinzendorf/Niederösterreich. Im Mittelpunkt seiner künstlerischen Arbeit steht sein Orgien Mysterien Theater, das seit 1957 von ihm aufgeführt wird. Die darin zelebrierte Sinnlichkeit vermittelt er auch in der Aktionsmalerei, den Malaktionen und Abreaktionsspielen. Er unterrichtet an der Städelschule in Frankfurt am Main.

Renger-Patzsch, Albert, geboren 1897 in Würzburg, gestorben 1966 in Wamel, widmete sich als Fotograf in der zweiten Hälfte der 20er Jahre in Essen der Ruhrgebietslandschaft sowie der neusachlichen Industrie- und Architekturfotografie; er war Dozent an der Essener Folkwangschule.

Roth, Dieter, geboren 1930 in Hannover, lebt in Basel und Reykjavik, ist Maler, Grafiker, Typograf, Dichter und Aktionist, in den 60er Jahren der Happening- und Fluxus-Szene nahestehend. In einer Verbindung von visuellen und verbalen Elementen entstand ein epochales Buch-Werk.

Schinkel, Karl Friedrich, geboren 1781 in Neuruppin, gestorben 1841 in Berlin, gelang mit seiner Synthese aus Antike und sachlich-zweckmäßigem Stil in der Baukunst die reifste Prägung der deutschen Klassik. Daneben tritt er als Maler hervor, aber auch als Entwerfer von Bühnenbildern und in vielen Bereichen der angewandten Kunst.

Schütte, Thomas, geboren 1954 in Oldenburg, formt in Düsseldorf raumbezogene Skulpturen, die den Begriff des Modells skeptisch, kosmologisch umkreisen. Entsprechend entfaltet sich in den ungemein leichten und spielerischen Aquarellserien sein weites bildnerisches Vokabular.

Skreber, Dirk, geboren 1961 in Lübeck, studierte 1982-88 an der Düsseldorfer Akademie bei Alfonso Hüppl und arbeitet weiter in Düsseldorf. Auf den Ölbildern (ohne Titel) stellt er Transportmittel, Architekturen oder Ledersessel dar, die er mit der Leere imprägniert hat.

Tuzina, Günter, geboren 1951 in Hamburg, studierte 1971-77 an der Hamburger Akademie u.a. bei Franz Erhard Walther und lebt in Köln. In seinen Wandbildern, Gemälden und Zeichnungen geht er von der hausähnlichen Form zu offeneren Strukturen über, integriert optisches Gewicht mit Schwerelosigkeit.

Valentin, Karl, in München 1882 geboren und 1948 gestorben. Der populäre Komiker ist ein bedeutender Verfasser von Couplets und Monologen, von Szenen voller absurd-logischer Wortklaubereien und scharfer Ironie. Er trat seit 1911 mit Liesl Karlstadt auf.

Völcker, Mathias, geboren 1955 in Rostock, studierte 1974-79 an der Städelschule in Frankfurt am Main bei Michael Croissant und arbeitet weiter in dieser Stadt. Der Zeichner zieht auf dem Papierbogen mit Präzision das Genormte und dessen Ordnung aus.

Waechter, Friedrich Karl, geboren 1937 in Danzig, besuchte die Hamburger Kunstschule Alsterdamm. Er zeichnet Bücher mit treffsicheren Bild-Geschichten. Seine heiteren und satirischen Feder- und Pinsel-Zeichnungen bringt er in Frankfurt am Main zu Papier.

Wewerka, Stefan, geboren 1928 in Magdeburg, studierte bei Bruno Taut und arbeitet in Köln. Im Rahmen seiner neodadaistischen Objektkunst verweisen die deformierten Architekturen auf die paradoxe Vielschichtigkeit der Dinge in ihrer Definition, Benutzung und Erscheinung.

AUTORENVERZEICHNIS

Albers, Josef, Maler, 1888-1976
Aristoteles, Philosoph, 384-322 v. Chr.
Auerbach, Berthold, Schriftsteller, 1812-1882
Ausländer, Rose, Lyrikerin, *1907

Bacon, Francis, Philosoph und Staatsmann, 1561-1626
Bartning, Otto, Architekt, 1883-1959
Beauvoir, Simone de, Schriftstellerin, 1908-1986
Bill, Max, Architekt und Bildhauer, *1908
Bloch, Ernst, Philosoph, 1880-1959
Böll, Heinrich, Schriftsteller, 1917-1985
Bohnstedt, Ludwig, 1822-1885
Bollnow, Otto Friedrich, Philosoph und Pädagoge, *1903
Brecht, Bertolt, Schriftsteller und Dramatiker, 1898-1956
Brézan, Jurij, Schriftsteller, *1916
Brie, André, Politiker, *1950
Brudzinski, Wieslaw, Feuilletonist und Aphoristiker, *1920
Busch, Wilhelm, Dichter, Zeichner und Maler, 1832-1908

Carossa, Hans, Schriftsteller und Arzt, 1878-1956
Chamfort, Nicolas-Sébastien Roch, Moralist und Aphoristiker, 1741-1794
Chesterton, Gilbert Keith, Dichter, 1874-1936
Crassus, Marcus Licinius, Politiker, etwa 115-53 v. Chr.

Dehmel, Richard, Dichter, 1863-1920
Deilmann, Harald, Architekt
Dichter, Ernest, Psychologe und Motivforscher

Eichendorff, Joseph von, Dichter, 1788-1857
Emerson, Ralph Waldo, Essayist und Philosoph, 1803-1882
Engelke, Gerrit, Schriftsteller, 1892-1918

Ford, Henry, Autoproduzent, 1863-1947

Frisch, Max, Schriftsteller, 1911-1991
Fritzen, Johannes, Ingenieur, 1867-1959

Gandhi, Mahatma, Politiker, 1869-1948
Gilly, David, Baumeister, 1748-1808
von Goethe, Johann Wolfgang, Dichter und Politiker, 1749-1832
Gogol, Nikolai, Schriftsteller, 1809-1892
Gropius, Walter, Architekt, 1883-1969
Gryphius, Andreas, Dichter, 1616-1664

Haesler, Otto, Architekt, 1880-1962
Hajek, Otto Herbert, Bildhauer, *1927
Hauptmann, Gerhart, Schriftsteller, 1862-1946
Heidegger, Martin, Philosoph, 1889-1976
Herzen, Alexander Iwanowitsch, Schriftsteller, 1812-1870
Hesse, Hermann, Schriftsteller, 1877-1962
Heym, Georg, Schriftsteller, 1877-1912
Hofmannsthal, Hugo von, Dichter, 1874-1929
Hölderlin, Johann Christian Friedrich, Dichter, 1770-1843
Horatius, Flaccus Quintus, Dichter, 65-8 v. Chr.
Huch, Ricarda, Schriftstellerin, 1864-1947
Hundertwasser, Friedensreich, Maler, *1928

Kaschnitz, Marie Luise, Lyrikerin, 1961-1974
Kästner, Erich, Schriftsteller und Satiriker, 1899-1974
Kirsch, Sarah, Lyrikerin, *1935
Kleist, Heinrich von, Dichter, 1777-1811
Körner, Wolfgang, Schriftsteller, *1937
Kramer, Theodor, Lyriker, 1897-1958
Kraus, Karl, Dramatiker und Literaturkritiker, 1874-1936
Kubowsky, Manfred, Aphoristiker, *1939

Lao-tse, Philosoph, um 480-390 v. Chr.
Le Corbusier, Architekt, 1887-1965
Lenz, Hermann, Schriftsteller, *1913
Lichtenberg, Georg Christoph, Philosoph und Aphoristiker, 1742-1799
Liliencron, Detlev von, Schriftsteller, 1844-1909
Lindsay, John, Schriftsteller, 1844-1909
Loerke, Oskar, Dichter, 1884-1941
Loest, Erich, Schriftsteller, *1926

Lowinski, Leonhard, Wissenschaftler, *1923

Mauriac, Francois, Schriftsteller, 1885-1970
Metzger, Ludwig, Politiker, *1912

Mies van der Rohe, Architekt, 1886-1969
Montesquieu, C. S. de, Philosoph und Schriftsteller, 1689-1755
Morgenstern, Christian, Dichter, 1871-1914
Muthesius, Hermann, Architekt und Schriftsteller, 1861-1927

Neruda, Pablo, Dichter, 1904-1973
Nietzsche, Friedrich Wilhelm, Philosoph, 1844-1900

Ortega y Gasset, Philosoph, 1883-1955

Panton, Werner

Reimann, Brigitte, Schriftstellerin, 1933-1973
Rilke, Rainer Maria, Dichter, 1875-1926
Rohlmann, Peter, Diplom-Ingenieur
Roth, Eugen, Schriftsteller, 1895-1976
Rückert, Friedrich, Schriftsteller, 1788-1866
Rüstow, Alexander, Ökonom und Soziologe, 1885-1965
Ruskin, John, Schriftsteller, 1819-1900

Sachs, Hans, Dichter, 1494-1576
Saint-Exupéry, Antoine de, Romancier und Erzähler, 1900-1944
Schaefer, Oda, Schriftstellerin, *1900
Schelling, Friedrich Wilhelm J., Philosoph, 1775-1854
Schiller, Friedrich, Dichter, 1759-1805
Schinkel, Karl Friedrich, Architekt, 1781-1841
Schmitthenner, Paul, Architekt, 1884-1972
Schneider, Peter, Schriftsteller, *1940
Schopenhauer, Arthur, Philosoph, 1788-1860
Schweizer, Otto Ernst, Architekt, 1890-1965
Schwippert, Hans, Architekt, 1899-1973
Schwitters, Kurt, Maler und Schriftsteller, 1887-1948
Seeger, Bernhard, Schriftsteller, *1927
Semper, Gottfried, Architekt und Kunsttheoretiker, 1803-1879
Seydlitz, Hanns-Dietrich von, Publizist
Stadler, Ernst, Schriftsteller, 1883-1914

Stehr, Hermann, Schriftsteller, 1864-1940
Sternberger, Dolf, Publizist und Politikwissenschafler, *1907
Storm, Theodor, Schriftsteller, 1817-1888
Strittmatter, Erwin, Schriftsteller, *1912
Sullivan, Louis Henry, Architekt, 1856-1924

Theophrast, Philosoph, um 372-287 v. Chr.
Thul, Herbert, Straßen- und Brückenbauer, *1921
Trakl, Georg, Schriftsteller, 1887-1914
Tucholsky, Kurt, Schriftsteller, 1890-1935

Uhland, Ludwig, Dichter, 1787-1862

Vauvenargues, Luc de Clapiers, Philosoph und Dichter, 1715-1747

Weber, Alfred, Ökonom und Soziologe, 1868-1958
Weber, Karl Julius, Feuilletonist und Satiriker, 1767-1832
Weizsäcker, Richard von, Politiker, *1920
Wibbelt, Augustin, Heimatdichter, 1862-1947
Wittgenstein, Ludwig, Philosoph, 1889-1951

Zech, Paul, Schriftsteller, 1881-1946
Zille, Heinrich, Zeichner, 1858-1929
Zinn, Georg August, Politiker, 1901-1976
Zwerenz, Gerhard, Philosoph und Schriftsteller, *1925

LITERATURVERZEICHNIS

ad libitum. Sammlung Zerstreuung. Nr. 3/1986, Nr.4/1986, Nr. 6/1987, Nr. 7/1987, Nr. 8/1988, Nr. 13/1989, Nr. 15/1990, Nr. 17/1990

Ausländer, Rose: „Bewohnbar“, „Buchenblatt“. Aus: dies., Wieder ein Tag aus Glut und Wind. Gedichte 1980-1982. © S. Fischer Verlag GmbH, Frankfurt/M. 1986

Ausländer, Rose: „Daheim“. Aus: Einverständnis. Pfaffenweiler Presse, Mittlere Straße 23, 7801 Pfaffenweiler, 1980

Barlepsch, H. A.: Chronik der Gewerke, Bd. VIII, Chronik der Maurer und Steinmetze. St. Gallen 1853

Bartning, Otto: Otto Bartning in kurzen Worten. Aus Schriften und Reden des Architekten. Hamburg 1954

Bartning, Otto: Mensch und Raum. Darmstädter Gespräch. Darmstadt 1952

Bauhaus 1919-1933, Meister- und Schülerarbeiten. Weimar-Dessau-Berlin, Zürich 1988

Beauvoir, Simone de: Memoiren einer Tochter aus gutem Hause. Reinbek bei Hamburg 1968

Becker, Hermann: Der Bruderbund der deutschen Steinmetzer und Maurer. Solingen 1894

Beier, Adrian: Allgemeines Handlungs-, Kunst-, Berg- und Handwerkslexikon. Jena 1722

Beier, Adrian: Der Meister bei den Handwerkern. Jena 1685

Beier, Adrian: Von baufälligen Häusern. Jena 1747

Bender, Hans (Hrsg.): Deutsche Gedichte 1930-1960. Philipp Reclam, Stuttgart 1983

Beyer, Horst u. Anneliese: Sprichwörterlexikon. Leipzig 1987

Böll, Heinrich: Hierzulande. Aufsätze zur Zeit. München 1963

Bollnow, Otto Friedrich: Neue Geborgenheit. Stuttgart 1955

Brecht, Bertolt: Gesammelte Werke. © Suhrkamp Verlag, Frankfurt/M. 1967

Brézan, Jurij: DER MENSCH und der mensch, Sentenzen und Aphorismen. Ausgewählt, zusammengestellt und hg. von Ludmilla Brézan, Bautzen 1979

Brie, André: Die Wahrheit liegt in der Mitte. Berlin 1982

Carossa, Hans: „Der alte Brunnen", „Rauhes Land". In: Sämtliche Werke in zwei Bänden. © Insel Verlag Frankfurt/M. 1962
Carstens, Karl: Deutsche Gedichte. © Bertelsmann Verlag, München 1983

Das große Buch der fliegenden Worte. Zitate, Sprüche und Redensarten. Berlin o. J.
Das Schönste von Wilhelm Busch. Delphin Verlag, Minden und Zürich 1983

Echtermeyer: Deutsche Gedichte von den Anfängen bis zur Gegenwart. Neugestaltet v. Benno von Wiese. August Bagel Verlag, Düsseldorf 1957
Eckart, Rudolf: Stand und Beruf im Volksmund. Eine Sammlung von Sprichwörtern und sprichwörtlichen Redensarten. Göttingen, o. J.
Eichelberger, Ursula: Zitatenlexikon. Leipzig 1981
Eiselein, J.: Die Sprichwörter und Sinnreden des deutschen Volkes in alter und neuer Zeit. Freiburg 1840
Enzensberger, Hans Magnus (Hrsg.): Museum der modernen Poesie. Erster Bd., Suhrkamp Taschenbuch, Frankfurt 1980

Fassmann, Kurt: Gedichte gegen den Krieg. München 1961
Fehring, Max: Sitte und Brauch der Tischler. Hamburg 1929
Feßler, Franz Carl: Bausprüche, bestehend in Maurer-, Zimmermanns- Dach- und Schieferdecker-Reden. Quedlinburg und Leipzig 1833
Fieguth, Gerhard (Hrsg.): Deutsche Aphorismen. Stuttgart 1980
Fleischmann, A.: Der blaue Montag. Hildburghausen 1878
Foerster, Richard: Das Baugewerbe in Poesie und Prosa. Langensalza 1931
Forck, L. (Hrsg.): Urväter, Hausrat in Spruch und Lehre. Berlin 1885
Form + Zweck. Fachzeitschrift für industrielle Formgestaltung, Berlin, Heft 3/1979
Frisch, Max: Gesammelte Werke in zeitlicher Folge 1931-1944. Frankfurt/M. 1976
Fritzen, Johannes: Mein Freund der Handwerksmann, Leipzig o.J.

Gatz, Konrad: Das Buch vom guten Handwerker. München o. J.
Geistige Waffen. Ein Aphorismenlexikon. Freiburg i. B. und Leipzig (1901)
Glück, Hans-Gerd: Wie das Leben so spielt. Gedanken-Splitter aus dem Alltag. Selbstverlag 1990
Goethe, Johann Wolfgang von: Maximen und Reflexionen. Leipzig 1953
Grimm, Jacob und Wilhelm: Deutsches Wörterbuch. Leipzig 1852

Hajek, Otto Herbert: Ikonographien. Stuttgart 1978

Häring, Hugo: Die Ausstattung des Geistes zur Arbeit an der Gestalt. Fragmente. Auswahl und Zusammenstellung der Texte, Anmerkungen, Wortverzeichnis und Einführung: Margot Aschenbrenner, Berlin 1968

Heidegger, Martin: Bauen Wohnen Denken. In: Vorträge und Aufsätze, © Verlag Günther Neske, Pfullingen 1954, 6. Aufl. 1990

Heimisch, Carl: Handwerksbrauch der alten Steinhauer, Maurer und Zimmerleute. Stuttgart 1872

Hellwig, Gerhard: Zitate und Sprichwörter von A-Z. Bertelsmann Lexikon-Verlag 1974

Hertz: Deutsche Inschriften an Haus und Gerät. Berlin 1865

Hesse, Hermann: Die Gedichte. Band 1. © Suhrkamp Verlag, Frankfurt/M. 1977

Hürtemann, Martin (Hrsg.): Stimmen der Völker im Sprichwort. Zürich 1945

Kästner, Erich: Gesammelte Schriften für Erwachsene. Zürich 1969

Kästner, Erich: Die kleine Freiheit. Zürich 1952

Kaschnitz, Marie Luise: Kein Zauberspruch. © Insel Verlag, Frankfurt/M. 1972

Keller, Albrecht: Die Handwerker im Volkshumor. Leipzig 1912

Kesten, Hermann: Die blaue Blume. Frankfurt/M. 1977

Kiess, Artur (Hrsg.): Liebe kennt kein Maß. Liebe und Ehe in Zitaten und Sentenzen. Leipzig 1990

Kiess, Arthur (Hrsg.): Adam, Eva und der Apfel: Mann und Frau in Zitaten und Sentenzen. Leipzig 1990

Kirchberger, J. H. (Hrsg.): Das große Krüger Zitaten Buch. 15 000 Zitate von der Antike bis zur Gegenwart. Frankfurt/M. 1977

Kirsch, Sarah: Schneewärme. Gedichte. Deutsche Verlagsanstalt, Stuttgart 1989

Körner, Wolfgang: Die einzig wahren Anlagenberater. Hamburg 1987

Kraus, Karl: Ausgewählte Werke. Aphorismen und Gedichte, Auswahl 1903-1933, Bd. 4. Berlin 1974

Kubowsky, Manfred: Die Stellung ist kampflos zu halten. Aphorismen. Berlin 1987

Lenz, Hermann: Erzählungen. Hamburg 1970

Lichtenberg, Georg Christoph: Aphorismen. Essays, Briefe. Hg. v. Kurt Batt. Leipzig 1963

Lipperheide, Franz Freiherr von: Sprichwörterbuch. Verlag von Franz Lipperheide, Berlin 1907

Loerke, Oskar: „Die Stadt verklingt". In: Gedichte. © Suhrkamp Verlag, Frankfurt/M. 1958

Lowinski, Leonhard: Grundlagen, Zielsetzungen und Mehoden in der sozialen Marktwirtschaft. Köln-Braunsfeld 1964

Muthesius, Hermann: Landhaus und Garten. München 1925

Nagel, Ulrich (Hrsg): Bauen ist eine Lust. Berlin 1987

Neruda, Pablo: „Das Haus". In: Das lyrische Werk. Bd. I, © Luchterhand Literaturverlag, Hamburg/Zürich 1986

Nietzsche, Friedrich: Menschliches; Allzumenschlich. Ein Buch für freie Geister. Erster Bd., Wilhelm Goldmann Verlag, München o. J.

Nietzsche, Friedrich: Gedichte gegen den Krieg. Hrsg. Kurt Fassmann, München 1961

Orlamünder, Paul: Volksmund und Volkshumor. Bremen 1908

Panton, Werner: Trautes Heim, Glück allein. Hrsg. Leonberger Bausparkasse, Leonberg 1979

Roth, Eugen: „Ermüdung", „Baupläne", „Der Bau". In: Sämtliche Werke. © 1977 Carl Hanser Verlag, München/Wien

Rowald, Paul: Brauch, Spruch und Lied der Bauleute. Hannover 1892/1903

Saint-Exupéry, Antoine de: Die Stadt in der Wüste. Bad Salzig und Düsseldorf 1951

Schalk, Fritz (Hrsg.): Die französischen Moralisten. Leipzig 1962

Schleiermacher, Friedrich Daniel Ernst: Bruchstücke der unendlichen Menschheit. Fragmente, Aphorismen und Notate der frühromantischen Jahre. Berlin 1984

Schmidt, L.: Das treffende Zitat zu Politik, Recht, Wirtschaft. Reinbek bei Hamburg 1986

Schmitthenner, Paul: Das sanfte Gesetz in der Kunst. Stuttgart 1954

Seydlitz, Hans Dietrich von: Aphorismen. Thun 1987

Simrock, Karl: Deutsche Sprichwörter mit mehr als 100 Illustrationen. Altville am Rhein 1988

Sprichwörter und Zitate. Von der Antike bis heute. Zusammengestellt von Martin Werner, Köln 1981

Tucholsky, Kurt: „Das Ideal". In: Gesammelte Werke. © Rowohlt Verlag GmbH, Reinbek bei Hamburg 1960

Urbanek, Walter (Hrsg.): Deutsche Lyrik aus 12 Jahrhunderten. Ullstein Bücher, Berlin 1956

Wander, Karl Friedrich Wilhelm: Deutsches Sprichwörter-Lexikon. Leipzig 1867-1880

Wander, Karl Friedrich Wilhelm (Hrsg.): Deutsches Sprichwörter-Lexikon. Ein Hausschatz für das deutsche Volk. Darmstadt 1964

Wissel, Rudolf: Des alten Handwerks Recht und Gewohnheit. Berlin 1925

Zech, Paul: Die Häuser haben die Augen aufgetan. Aufbau-Verlag Berlin/ Weimar 1976

Zitatenschatz der Weltliteratur. Begründet von Richard Zoozmann, überarbeitet von Dr. Otto A. Kielmyer, Reinbek bei Hamburg 1984

MARTIN HEIDEGGER

BAUEN WOHNEN DENKEN

BAUEN WOHNEN DENKEN

Im folgenden versuchen wir, über Wohnen und Bauen zu denken. Dieses Denken über das Bauen maßt sich nicht an, Baugedanken zu finden oder gar dem Bauen Regeln zu geben. Dieser Denkversuch stellt das Bauen überhaupt nicht von der Baukunst und der Technik her dar, sondern er verfolgt das Bauen in denjenigen Bereich zurück, wohin jegliches gehört, was *ist*.

Wir fragen: 1. Was ist das Wohnen?
2. Inwiefern gehört das Bauen in das Wohnen?

I

Zum Wohnen, so scheint es, gelangen wir erst durch das Bauen. Dieses, das Bauen, hat jenes, das Wohnen zum Ziel. Indessen sind nicht alle Bauten auch Wohnungen. Brücke und Flughalle, Stadion und Kraftwerk sind Bauten, aber keine Wohnungen; Bahnhof und Autobahn, Staudamm und Markthalle sind Bauten, aber keine Wohnungen. Dennoch stehen die genannten Bauten im Bereich unseres Wohnens. Er reicht über diese Bauten hinweg und beschränkt sich doch wieder nicht auf die Wohnung. Der Lastzugführer ist auf der Autobahn zu Hause, aber er hat dort nicht seine Unterkunft; die Arbeiterin ist in der Spinnerei zu Hause, hat jedoch dort nicht ihre Wohnung; der leitende Ingenieur ist im Kraftwerk zu Hause, aber er wohnt nicht dort. Die genannten Bauten behausen den Menschen. Er bewohnt sie und wohnt gleichwohl nicht in ihnen, wenn Wohnen nur heißt, daß wir eine Unterkunft innehaben. Bei der heutigen Wohnungsnot bleibt freilich dies schon beruhigend und erfreulich; Wohnbauten gewähren wohl Unterkunft, die Wohnungen können heute sogar gut gegliedert, leicht zu bewirtschaften, wünschenswert billig, offen gegen Luft, Licht und Sonne sein, aber: bergen die Wohnungen schon die Gewähr in sich, daß ein *Wohnen* geschieht? Jene Bauten jedoch, die keine Wohnungen sind, bleiben ihrerseits vom Wohnen her bestimmt, insofern sie dem Wohnen der Menschen dienen. So wäre denn das Wohnen in jedem Falle der Zweck, der allem Bauen vorsteht. Wohnen und Bauen stehen zueinander in der Beziehung von Zweck und Mittel. Allein, solange wir nur dies meinen, nehmen wir Wohnen und Bauen für zwei getrennte Tätigkeiten und stellen dabei etwas Richtiges vor. Doch zugleich verstellen wir uns durch das Zweck-Mittel-Schema die wesentlichen Bezüge. Bauen nämlich ist nicht nur Mittel und Weg zum Wohnen, das Bauen ist in sich selber bereits Wohnen. Wer sagt uns dies? Wer gibt uns überhaupt ein Maß, mit dem wir das Wesen von Wohnen und Bauen durchmessen?

Der Zuspruch über das Wesen einer Sache kommt zu uns aus der Sprache, vorausgesetzt, daß wir deren eigenes Wesen achten. Inzwischen freilich rast ein zügelloses und zugleich gewandtes Reden, Schreiben und Senden von Gesprochenem um den Erdball. Der Mensch gebärdet sich, als sei *er* Bildner und Meister der Sprache, während *sie* doch die Herrin des Menschen bleibt. Vielleicht ist es vor allem anderen die vom Menschen betriebene Verkehrung *dieses* Herrschaftsverhältnisses, was sein Wesen in das Unheimische treibt. Daß wir auf die Sorgfalt des Sprechens halten, ist gut, aber es hilft nicht, solange uns auch dabei noch die Sprache nur als ein

Mittel des Ausdrucks dient. Unter allen Zusprüchen, die wir Menschen von uns her *mit* zum Sprechen bringen können, ist die Sprache der höchste und der überall erste.

Was heißt nun Bauen? Das althochdeutsche Wort für bauen, „buan", bedeutet wohnen. Dies besagt: bleiben, sich aufhalten. Die eigentliche Bedeutung des Zeitwortes bauen, nämlich wohnen, ist uns verlorengegangen. Eine verdeckte Spur hat sich noch im Wort „Nachbar" erhalten. Der Nachbar ist der „Nachgebur", der „Nachgebauer", derjenige, der in der Nähe wohnt. Die Zeitwörter buri, büren, beuren, beuron bedeuten alle das Wohnen, die Wohnstätte. Nun sagt uns freilich das alte Wort buan nicht nur, bauen sei eigentlich wohnen, sondern es gibt uns zugleich einen Wink, wie wir das von ihm genannte Wohnen denken müssen. Wir stellen uns gewöhnlich, wenn vom Wohnen die Rede ist, ein Verhalten vor, das der Mensch neben vielen anderen Verhaltungsweisen auch vollzieht. Wir arbeiten hier und wohnen dort. Wir wohnen nicht bloß, das wäre beinahe Untätigkeit, wir stehen in einem Beruf, wir machen Geschäfte, wir reisen und wohnen unterwegs, bald hier, bald dort. Bauen heißt ursprünglich wohnen. Wo das Wort bauen noch ursprünglich spricht, sagt es zugleich, *wie weit* das Wesen des Wohnens reicht. Bauen, buan, bhu, beo ist nämlich unser Wort „bin" in den Wendungen: ich bin, du bist, die Imperativform bis, sei. Was heißt dann: ich bin? Das alte Wort bauen, zu dem das „bin" gehört, antwortet: „ich bin", „du bist" besagt: ich wohne, du wohnst. Die Art, wie du bist und ich bin, die Weise, nach der wir Menschen auf der Erde *sind*, ist das Buan, das Wohnen. Mensch sein heißt: als Sterblicher auf der Erde sein, heißt: wohnen. Das alte Wort bauen, das sagt, der Mensch *sei*, insofern er *wohne*, dieses Wort bauen bedeutet nun aber *zugleich*: hegen und pflegen, nämlich den Acker bauen,

Reben bauen. Solches Bauen hütet nur, nämlich das Wachstum, das von sich aus seine Früchte zeitigt. Bauen im Sinne von hegen und pflegen ist kein Herstellen. Schiffsbau und Tempelbau dagegen stellen in gewisser Weise ihr Werk selbst her. Das Bauen ist hier im Unterschied zum Pflegen ein Errichten. Beide Weisen des Bauens – bauen als pflegen, lateinisch colere, cultura, und bauen als errichten von Bauten, aedificare – sind in das eigentliche Bauen, das Wohnen, einbehalten. Das Bauen als Wohnen, d.h. auf der Erde sein, bleibt nun aber für die alltägliche Erfahrung des Menschen das im vorhinein, wie die Sprache so schön sagt, „Gewohnte“. Darum tritt es hinter den mannigfaltigen Weisen, in denen sich das Wohnen vollzieht, hinter den Tätigkeiten des Pflegens und Errichtens, zurück. Diese Tätigkeiten nehmen in der Folge den Namen bauen und damit die Sache des Bauens für sich allein in Anspruch. Der eigentliche Sinn des Bauens, nämlich das Wohnen, gerät in die Vergessenheit.

Dieses Ereignis sieht zunächst so aus, als sei es lediglich ein Vorgang innerhalb des Bedeutungswandels bloßer Wörter. In Wahrheit verbirgt sich darin jedoch etwas Entscheidendes, nämlich: das Wohnen wird nicht als das Sein des Menschen erfahren; das Wohnen wird vollends nie als der Grundzug des Menschseins gedacht.

Daß die Sprache die eigentliche Bedeutung des Wortes bauen, das Wohnen, gleichsam zurücknimmt, bezeugt jedoch das Ursprüngliche dieser Bedeutungen; denn bei den wesentlichen Worten der Sprache fällt ihr eigentlich Gesagtes zugunsten des vordergründig Gemeinten leicht in die Vergessenheit. Das Geheimnis dieses Vorganges hat der Mensch noch kaum bedacht. Die Sprache entzieht dem Menschen ihr einfaches und hohes Sprechen. Aber dadurch verstummt ihr anfänglicher

Zuspruch nicht, er schweigt nur. Der Mensch freilich unterläßt es, auf dieses Schweigen zu achten.
Hören wir jedoch auf das, was die Sprache im Wort bauen sagt, dann vernehmen wir dreierlei:

1. Bauen ist eigentlich Wohnen.
2. Das Wohnen ist die Weise, wie die Sterblichen auf der Erde sind.
3. Das Bauen als Wohnen entfaltet sich zum Bauen, das pflegt, nämlich das Wachstum, – und zum Bauen, das Bauten errichtet.

Bedenken wir dieses Dreifache, dann vernehmen wir einen Wink und merken uns folgendes: Was das Bauen von Bauten in seinem Wesen sei, können wir nicht einmal zureichend *fragen*, geschweige denn sachgemäß entscheiden, solange wir nicht daran denken, daß jedes Bauen in sich ein Wohnen ist. Wir wohnen nicht, weil wir gebaut haben, sondern wir bauen und haben gebaut, insofern wir wohnen, d. h. *als die Wohnenden* sind. Doch worin besteht das Wesen des Wohnens? Hören wir noch einmal auf den Zuspruch der Sprache: Das altsächsische „wuon", das gotische „wunian" bedeuten ebenso wie das alte Wort bauen das Bleiben, das Sich-Aufhalten. Aber das gotische „wunian" sagt deutlicher, wie dieses Bleiben erfahren wird. Wunian heißt: zufrieden sein, zum Frieden gebracht, in ihm bleiben. Das Wort Friede meint das Freie, das Frye, und fry bedeutet: bewahrt vor Schaden und Bedrohung, bewahrt – vor ... d. h. geschont. Freien bedeutet eigentlich schonen. Das Schonen selbst besteht nicht nur darin, daß wir dem Geschonten nichts antun. Das eigentliche Schonen ist etwas *Positives* und geschieht dann, wenn wir etwas zum voraus in seinem

Wesen belassen, wenn wir etwas eigens in sein Wesen zurückbergen, es entsprechend dem Wort freien: einfrieden. Wohnen, zum Frieden gebracht sein, heißt: eingefriedet bleiben in das Frye, d. h. in das Freie, das jegliches in sein Wesen schont. *Der Grundzug des Wohnens ist dieses Schonen*. Er durchzieht das Wohnen in seiner ganzen Weite. Sie zeigt sich uns, sobald wir daran denken, daß im Wohnen das Menschsein beruht, und zwar im Sinne des Aufenthalts der Sterblichen auf der Erde. Doch „auf der Erde" heißt schon „unter dem Himmel". Beides meint *mit* „Bleiben vor dem Göttlichen" und schließt ein „gehörend in das Miteinander der Menschen". Aus einer *ursprünglichen* Einheit gehören die Vier: Erde und Himmel, die Göttlichen und die Sterblichen in eins.

Die Erde ist die dienend Tragende, die blühend Fruchtende, hingebreitet im Gestein und Gewässer, aufgehend zu Gewächs und Getier. Sagen wir Erde, dann denken wir schon die anderen Drei mit, doch wir bedenken nicht die Einfalt der Vier.

Der Himmel ist der wölbende Sonnengang, der gestaltwechselnde Mondlauf, der wandernde Glanz der Gestirne, die Zeiten des Jahres und ihre Wende, Licht und Dämmer des Tages, Dunkel und Helle der Nacht, das Wirtliche und Unwirtliche der Wetter, Wolkenzug und blauende Tiefe des Äthers. Sagen wir Himmel, dann denken wir schon die anderen Drei mit, doch wir bedenken nicht die Einfalt der Vier.

Die Göttlichen sind die winkenden Boten der Gottheit. Aus dem heiligen Walten dieser erscheint der Gott in seine Gegenwart oder er entzieht sich in seine Verhüllung. Nennen wir die Göttlichen, dann denken wir schon die anderen Drei mit, doch wir bedenken nicht die Einfalt der Vier.

Die Sterblichen sind die Menschen. Sie heißen die Sterblichen, weil sie sterben können. Sterben ist, den Tod *als* Tod vermögen.

Nur der Mensch stirbt, und zwar fortwährend, solange er auf der Erde, unter dem Himmel, vor den Göttlichen bleibt. Nennen wir die Sterblichen, dann denken wir schon die anderen Drei mit, doch wir bedenken nicht die Einfalt der Vier.
Diese ihre Einfalt nennen wir *das Geviert*. Die Sterblichen *sind* im Geviert, indem sie *wohnen*. Der Grundzug des Wohnens aber ist das Schonen. Die Sterblichen wohnen in der Weise, daß sie das Geviert in sein Wesen schonen. Demgemäß ist das wohnende Schonen vierfältig.
Die Sterblichen wohnen, insofern sie die Erde retten – das Wort in dem alten Sinne genommen, den Lessing noch kannte. Die Rettung entreißt nicht nur einer Gefahr, retten bedeutet eigentlich: etwas in sein eigenes Wesen freilassen. Die Erde retten ist mehr als sie ausnützen oder gar abmühen. Das Retten der Erde meistert die Erde nicht und macht sich die Erde nicht untertan, von wo nur ein Schritt ist zur schrankenlosen Ausbeutung.
Die Sterblichen wohnen, insofern sie den Himmel als Himmel empfangen. Sie lassen der Sonne und dem Mond ihre Fahrt, den Gestirnen ihre Bahn, den Zeiten des Jahres ihren Segen und ihre Unbill, sie machen die Nacht nicht zum Tag und den Tag nicht zur gehetzten Unrast.
Die Sterblichen wohnen, insofern sie die Göttlichen als die Göttlichen erwarten. Hoffend halten sie ihnen das Unverhoffte entgegen. Sie warten der Winke ihrer Ankunft und verkennen nicht die Zeichen ihres Fehls. Sie machen sich nicht ihre Götter und betreiben nicht den Dienst an Götzen. Im Unheil noch warten sie des entzogenen Heils.
Die Sterblichen wohnen, insofern sie ihr eigenes Wesen, daß sie nämlich den Tod als Tod vermögen, in den Brauch dieses Vermögens geleiten, damit ein guter Tod sei. Die Sterblichen in das Wesen des Todes geleiten, bedeutet keineswegs, den Tod als

das leere Nichts zum Ziel setzen; es meint auch nicht, das Wohnen durch ein blindes Starren auf das Ende verdüstern. Im Retten der Erde, im Empfangen des Himmels, im Erwarten der Göttlichen, im Geleiten der Sterblichen ereignet sich das Wohnen als das vierfältige Schonen des Gevierts. Schonen heißt: das Geviert in seinem Wesen hüten. Was in die Hut genommen wird, muß geborgen werden. Wo aber verwahrt das Wohnen, wenn es das Geviert schont, dessen Wesen? Wie vollbringen die Sterblichen das Wohnen als dieses Schonen? Die Sterblichen vermöchten dies niemals, wäre das Wohnen nur ein Aufenthalt auf der Erde, unter dem Himmel, vor den Göttlichen, mit den Sterblichen. Das Wohnen ist vielmehr immer schon ein Aufenthalt bei den Dingen. Das Wohnen als Schonen verwahrt das Geviert in dem, wobei die Sterblichen sich aufhalten: in den Dingen.

Der Aufenthalt bei den Dingen ist jedoch der genannten Vierfalt des Schonens nicht als etwas Fünftes nur angehängt, im Gegenteil: der Aufenthalt bei den Dingen ist die einzige Weise, wie sich der vierfältige Aufenthalt im Geviert jeweils einheitlich vollbringt. Das Wohnen schont das Geviert, indem es dessen Wesen in die Dinge bringt. Allein die Dinge selbst bergen das Geviert *nur dann*, wenn sie selber *als* Dinge in ihrem Wesen gelassen werden. Wie geschieht das? Dadurch, daß die Sterblichen die wachstümlichen Dinge hegen und pflegen, daß sie Dinge, die nicht wachsen, eigens errichten. Das Pflegen und das Errichten ist das Bauen im engeren Sinne. *Das Wohnen* ist, insofern es das Geviert in die Dinge verwahrt, als dieses Verwahren *ein Bauen*. Damit sind wir auf den Weg der zweiten Frage gebracht:

II

Inwiefern gehört das Bauen in das Wohnen?
Die Antwort auf diese Frage erläutert uns, was das Bauen, aus dem Wesen des Wohnens gedacht, eigentlich ist. Wir beschränken uns auf das Bauen im Sinne des Errichtens von Dingen und fragen: was ist ein gebautes Ding? Als Beispiel diene unserem Nachdenken eine Brücke.

Die Brücke schwingt sich „leicht und kräftig" über den Strom. Sie verbindet nicht nur schon vorhandene Ufer. Im Übergang der Brücke treten die Ufer erst als Ufer hervor. Die Brücke läßt sie eigens gegeneinander über liegen. Die andere Seite ist durch die Brücke gegen die eine abgesetzt. Die Ufer ziehen auch nicht als gleichgültige Grenzstreifen des festen Landes den Strom entlang. Die Brücke bringt mit den Ufern jeweils die eine und die andere Weite der rückwärtigen Uferlandschaft an den Strom. Sie bringt Strom und Ufer und Land in die wechselseitige Nachbarschaft . Die Brücke *versammelt* die Erde als Landschaft um den Strom. So geleitet sie ihn durch die Auen. Die Brückenpfeiler tragen, aufruhend im Strombett, den Schwung der Bogen, die den Wassern des Stromes ihre Bahn lassen. Mögen die Wasser ruhig und munter fortwandern, mögen die Fluten des Himmels beim Gewittersturm oder der Schneeschmelze in reißenden Wogen um die Pfeilerbogen schießen, die Brücke ist bereit für die Wetter des Himmels und deren wendisches Wesen. Auch dort, wo die Brücke den Strom überdeckt, hält sie sein Strömen dadurch dem Himmel zu, daß sie es für Augenblicke in das Bogentor aufnimmt und daraus wieder freigibt.

Die Brücke läßt dem Strom seine Bahn und gewährt zugleich den Sterblichen ihren Weg, daß sie von Land zu Land gehen und fahren. Brücken geleiten auf mannigfache Weise. Die

Stadtbrücke führt vom Schloßbezirk zum Domplatz, die Flußbrücke vor der Landstadt bringt Wagen und Gespann zu den umliegenden Dörfern. Der unscheinbare Bachübergang der alten Steinbrücke gibt dem Erntewagen seinen Weg von der Flur in das Dorf, trägt die Holzfuhre vom Feldweg zur Landstraße. Die Autobahnbrücke ist eingespannt in das Liniennetz des rechnenden und möglichst schnellen Fernverkehrs. Immer und je anders geleitet die Brücke hin und her die zögernden und die hastigen Wege der Menschen, daß sie zu anderen Ufern und zuletzt als die Sterblichen auf die andere Seite kommen. Die Brücke überschwingt bald in hohen, bald in flachen Bogen Fluß und Schlucht; ob die Sterblichen das Überschwingende der Brückenbahn in der Acht behalten oder vergessen, daß sie, immer schon unterwegs zur letzten Brücke, im Grunde danach trachten, ihr Gewöhnliches und Unheiles zu übersteigen, um sich vor das Heile des Göttlichen zu bringen. Die Brücke *sammelt* als der überschwingende Übergang vor die Göttlichen. Mag deren Anwesen eigens bedacht und sichtbarlich *bedankt* sein wie in der Figur des Brückenheiligen, mag es verstellt oder gar weggeschoben bleiben.

Die Brücke *versammelt* auf *ihre* Weise Erde und Himmel, die Göttlichen und die Sterblichen bei sich.

Versammlung heißt nach einem alten Wort unserer Sprache „thing". Die Brücke ist – und zwar *als* die gekennzeichnete Versammlung des Gevierts – ein Ding. Man meint freilich, die Brücke sei zunächst und eigentlich *bloß* eine Brücke. Nachträglich und gelegentlich könne sie dann auch noch mancherlei ausdrücken. Als ein solcher Ausdruck werde sie dann zum Symbol, zum Beispiel für all das, was vorhin genannt wurde. Allein die Brücke ist, wenn sie eine echte Brücke ist, niemals zuerst bloße Brücke und hinterher ein Symbol. Die Brücke ist ebensowenig im voraus nur ein Symbol in dem Sinn, daß sie etwas ausdrückt, was, streng genommen, nicht zu ihr gehört. Wenn wir die Brücke streng nehmen, zeigt sie sich nie als Ausdruck. Die Brücke ist ein Ding und *nur dies*. Nur? Als dieses Ding versammelt sie das Geviert.

Unser Denken ist freilich von altersher gewohnt, das Wesen des Dinges *zu dürftig* anzusetzen. Dies hatte im Verlauf des abendländischen Denkens zur Folge, daß man das Ding als ein unbekanntes X vorstellt, das mit wahrnehmbaren Eigenschaften behaftet ist. Von da aus gesehen, erscheint uns freilich alles, *was schon zum versammelnden Wesen dieses Dinges gehört*, als nachträglich hineingedeutete Zutat. Indessen wäre die Brücke niemals eine bloße Brücke, wäre sie nicht ein Ding.

Die Brücke ist freilich ein Ding *eigener* Art; denn sie versammelt das Geviert in *der* Weise, daß sie ihm eine *Stätte* verstattet. Aber nur solches, was *selber* ein *Ort* ist, kann eine Stätte einräumen. Der Ort ist nicht schon vor der Brücke vorhanden. Zwar gibt es, bevor die Brücke steht, den Strom entlang viele Stellen, die durch etwas besetzt werden können. Eine unter ihnen ergibt sich als ein Ort und zwar *durch die Brücke*. So kommt denn die Brücke nicht erst an einen Ort hin zu stehen, sondern von der Brücke selbst her entsteht erst ein Ort. Sie ist ein Ding, versammelt das Geviert, versammelt jedoch in der Weise, daß sie dem Geviert eine Stätte verstattet. Aus dieser Stätte bestimmen sich Plätze und Wege, durch die ein Raum eingeräumt wird.

Dinge, die in solcher Art Orte sind, verstatten jeweils erst Räume. Was dieses Wort „Raum" nennt, sagt seine alte Bedeutung. Raum, Rum heißt freigemachter Platz für Siedlung und Lager. Ein Raum ist etwas Eingeräumtes, Freigegebenes, nämlich in eine Grenze, griechisch πέρας. Die Grenze ist nicht das, wobei etwas aufhört, sondern, wie die Griechen es erkannten, die Grenze ist jenes, von woher etwas *sein Wesen beginnt*. Darum ist der Begriff: ὁρισμός, d.h. Grenze. Raum ist wesenhaft das Eingeräumte, in seine Grenze Eingelassene. Das Eingeräumte wird jeweils gestattet und so gefügt, d. h. versammelt durch einen Ort, d. h. durch ein Ding von der Art der Brücke. *Demnach empfangen die Räume ihr Wesen aus Orten und nicht aus „dem" Raum.*

Dinge, die als Orte eine Stätte verstatten, nennen wir jetzt vorgreifend Bauten. Sie heißen so, weil sie durch das errichtende Bauen hervorgebracht sind. Welcher Art jedoch dieses Hervorbringen, nämlich das Bauen, sein muß, erfahren wir erst, wenn wir zuvor das Wesen jener Dinge bedacht haben, die von sich her zu ihrer Herstellung das Bauen als Hervorbringen verlangen. Diese Dinge sind Orte, die dem Geviert eine Stätte verstatten, welche Stätte jeweils einen Raum einräumt. Im Wesen dieser Dinge als Orte liegt der Bezug von Ort und Raum, liegt aber auch die Beziehung des Ortes zum Menschen, der sich bei ihm aufhält. Darum versuchen wir jetzt, das Wesen dieser Dinge, die wir Bauten nennen, dadurch zu verdeutlichen, daß wir folgendes kurz bedenken.

Einmal: in welcher Beziehung stehen Ort und Raum? und zum anderen: welches ist das Verhältnis von Mensch und Raum?

Die Brücke ist ein Ort. Als solches Ding verstattet sie einen Raum, in den Erde und Himmel, die Göttlichen und die Sterblichen eingelassen sind. Der von der Brücke verstattete Raum enthält mancherlei Plätze in verschiedener Nähe und Ferne zur Brücke. Diese Plätze lassen sich nun aber als bloße Stellen ansetzen, zwischen denen ein durchmeßbarer Abstand besteht; ein Abstand, griechisch ein στάδιον, ist immer eingeräumt, und zwar durch bloße Stellen. Das so von den Stellen

Eingeräumte ist ein Raum eigener Art. Er ist als Abstand, als Stadion, das, was uns dasselbe Wort Stadion lateinisch sagt, ein „spatium", ein Zwischenraum. So können Nähe und Ferne zwischen Menschen und Dingen zu bloßen Entfernungen, zu Abständen des Zwischenraums werden. In einem Raum, der lediglich als spatium vorgestellt ist, erscheint jetzt die Brücke als ein bloßes Etwas an einer Stelle, welche Stelle jederzeit von irgendetwas anderem besetzt oder durch eine bloße Markierung ersetzt werden kann. Nicht genug, aus dem Raum als Zwischenraum lassen sich die bloßen Ausspannungen nach Höhe, Breite und Tiefe herausheben. Dieses so Abgezogene, lateinisch abstractum, stellen wir als die reine Mannigfaltigkeit der drei Dimensionen vor. Was jedoch diese Mannigfaltigkeit einräumt, wird auch nicht mehr durch Abstände bestimmt, ist kein spatium mehr, sondern nur noch extensio – Ausdehnung. Der Raum als extensio läßt sich aber noch einmal abziehen, nämlich auf analytisch-algebraische Relationen. Was diese einräumen, ist die Möglichkeit der rein mathematischen Konstruktion von Mannigfaltigkeiten mit beliebig vielen Dimensionen. Man kann dieses mathematisch Eingeräumte „den" Raum nennen. Aber „der" Raum in diesem Sinne enthält keine Räume und Plätze. Wir finden in ihm niemals Orte, d. h. Dinge von der Art der Brücke. Wohl dagegen liegt umgekehrt in den Räumen, die durch Orte eingeräumt sind, jederzeit der Raum als Zwischenraum und in diesem wieder der Raum als reine Ausdehnung. Spatium und extensio geben jederzeit die Möglichkeit, die Dinge und das, was sie einräumen, nach Abständen, nach Strecken, nach Richtungen zu durchmessen und diese Maße zu berechnen. In keinem Falle sind jedoch die Maß-Zahlen und ihre Dimensionen nur deshalb, weil sie auf alles Ausgedehnte *allgemein* anwendbar sind, auch schon der *Grund* für das

Wesen der Räume und Orte, die mit Hilfe des Mathematischen durchmeßbar sind. Inwiefern unterdessen auch die moderne Physik durch die Sache selbst gezwungen wurde, das räumliche Medium des kosmischen Raumes als Feldeinheit vorzustellen, die durch den Körper als dynamisches Zentrum bestimmt wird, kann hier nicht erörtert werden.

Die Räume, die wir alltäglich durchgehen, sind von Orten eingeräumt; deren Wesen gründet in Dingen von der Art der Bauten. Achten wir auf diese Beziehungen zwischen Ort und Räumen, zwischen Räumen und Raum, dann gewinnen wir einen Anhalt, um das Verhältnis von Mensch und Raum zu bedenken.

Ist die Rede von Mensch und Raum, dann hört sich dies an, als stünde der Mensch auf der einen und der Raum auf der anderen Seite. Doch der Raum ist kein Gegenüber für den Menschen. Er ist weder ein äußerer Gegenstand noch ein inneres Erlebnis. Es gibt nicht die Menschen und außerdem *Raum*; denn sage ich „ein Mensch" und denke ich mit diesem Wort denjenigen, der menschlicher Weise ist, das heißt wohnt, dann nenne ich mit dem Namen „ein Mensch" bereits den Aufenthalt im Geviert bei den Dingen. Auch dann, wenn wir uns zu Dingen verhalten, die nicht in der greifbaren Nähe sind, halten wir uns bei den Dingen selbst auf. Wir stellen die fernen Dinge nicht bloß – wie man lehrt – innerlich vor, so daß als Ersatz für die fernen Dinge in unserem Innern und im Kopf nur Vorstellungen von ihnen ablaufen. Wenn wir jetzt – wir alle – von hier aus an die alte Brücke in Heidelberg denken, dann ist das Hindenken zu jenem Ort kein bloßes Erlebnis in den hier anwesenden Personen, vielmehr gehört es zum Wesen unseres Denkens *an* die genannte Brücke, daß dieses Denken *in sich* die Ferne zu diesem Ort *durchsteht*. Wir sind von hier aus bei der Brücke dort und nicht etwa bei einem Vorstellungsinhalt in unserem Bewußtsein. Wir können sogar von hier aus jener Brücke und dem, was sie einräumt, weit näher sein als jemand, der sie alltäglich als gleichgültigen Flußübergang benützt. Räume und mit ihnen „der" Raum sind in den Aufenthalt der Sterblichen stets schon eingeräumt. Räume öffnen sich dadurch, daß sie in das Wohnen des Menschen eingelassen sind. Die Sterblichen *sind*, das sagt: *wohnend* durchstehen sie Räume auf Grund ihres Aufenthaltes bei Dingen und Orten. Und nur weil die Sterblichen ihrem Wesen gemäß Räume durchstehen, können sie Räume durchgehen. Doch beim Gehen geben wir jenes Stehen nicht auf. Vielmehr gehen wir stets so durch Räume, daß wir sie dabei schon ausstehen, indem wir uns ständig bei nahen und fernen Orten und Dingen aufhalten. Wenn ich zum Ausgang des Saales gehe, bin ich schon dort und könnte gar nicht hingehen, wenn ich nicht so wäre, daß ich dort bin. Ich bin niemals nur hier als dieser abgekapselte Leib, sondern ich bin dort, d. h. den Raum schon durchstehend, und nur so kann ich ihn durchgehen.

Selbst dann, wenn die Sterblichen „in sich gehen", verlassen sie die Zugehörigkeit zum Geviert nicht. Wenn wir uns – wie man sagt – auf uns selbst besinnen, kommen wir im Rückgang auf uns von den Dingen her, *ohne* den Aufenthalt bei den Dingen je *preiszugeben*. Sogar der Bezugsverlust zu den Dingen, der in depressiven Zuständen eintritt, wäre gar nicht möglich, wenn nicht auch dieser Zustand das bliebe, was er als ein menschlicher ist, nämlich ein Aufenthalt *bei* den Dingen. Nur wenn dieser Aufenthalt das Menschsein schon bestimmt, können uns die Dinge, bei denen wir sind, auch *nicht* ansprechen, uns auch *nichts* mehr angehen.

Der Bezug des Menschen zu Orten und durch Orte zu Räumen

beruht im Wohnen. Das Verhältnis von Mensch und Raum ist nichts anderes als das wesentlich gedachte Wohnen.
Wenn wir auf die versuchte Weise der Beziehung zwischen Ort und Raum, aber auch dem Verhältnis von Mensch und Raum nachdenken, fällt ein Licht auf das Wesen der Dinge, die Orte sind und die wir Bauten nennen.

Die Brücke ist ein Ding solcher Art. Der Ort läßt die Einfalt von Erde und Himmel, von Göttlichen und von Sterblichen in eine Stätte ein, indem er die Stätte in Räume einrichtet. Der Ort räumt das Geviert in einem zwiefachen Sinne ein. Der Ort *läßt* das Geviert *zu* und der Ort *richtet* das Geviert *ein*. Beide, nämlich Einräumen als Zulassen und Einräumen als Einrichten, gehören zusammen. Als das zwiefache Einräumen ist der Ort eine Hut des Gevierts oder wie dasselbe Wort sagt: ein Huis, ein Haus. Dinge von der Art solcher Orte behausen den Aufenthalt der Menschen. Dinge dieser Art sind Behausungen, aber nicht notwendig Wohnungen im engeren Sinne.
Das Hervorbringen solcher Dinge ist das Bauen. Sein Wesen beruht darin, daß es der Art dieser Dinge entspricht. Sie sind Orte, die Räume verstatten. Deshalb ist das Bauen, weil es Orte errichtet, ein Stiften und Fügen von Räumen. Weil das Bauen Orte hervorbringt, kommt mit der Fügung ihrer Räume notwendig auch der Raum als spatium und als extensio in das dinghafte Gefüge der Bauten. Allein das Bauen gestaltet niemals „den" Raum. Weder unmittelbar noch mittelbar. Gleichwohl ist das Bauen, weil es Dinge als Orte hervorbringt, dem Wesen der Räume und der Wesensherkunft „des" Raumes näher als alle Geometrie und Mathematik. Das Bauen errichtet Orte, die dem Geviert eine Stätte einräumen. Aus der Einfalt, in der Erde und Himmel, die Göttlichen und die Sterblichen

zueinander gehören, *empfängt* das Bauen die *Weisung* für sein Errichten von Orten. Aus dem Geviert *übernimmt* das Bauen die Maße für alles Durchmessen und jedes Ausmessen der Räume, die jeweils durch die gestifteten Orte eingeräumt sind. Die Bauten verwahren das Geviert. Sie sind Dinge, die auf ihre Weise das Geviert schonen. Das Geviert zu schonen, die Erde zu retten, den Himmel zu empfangen, die Göttlichen zu erwarten, die Sterblichen zu geleiten, dieses vierfältige Schonen ist das einfache Wesen des Wohnens. So prägen denn die echten Bauten das Wohnen in sein Wesen und behausen dieses Wesen. Das gekennzeichnete Bauen ist ein ausgezeichnetes Wohnenlassen. *Ist* es dieses in der Tat, dann *hat* das Bauen schon dem Zuspruch des Gevierts entsprochen. Auf dieses Entsprechen bleibt alles Planen gegründet, das seinerseits den Entwürfen für die Risse die gemäßen Bezirke öffnet.

Sobald wir versuchen, das Wesen des errichtenden Bauens aus dem Wohnenlassen zu denken, erfahren wir deutlicher, worin jenes Hervorbringen beruht, als welches das Bauen sich vollzieht. Gewöhnlich nehmen wir das Hervorbringen als eine Tätigkeit, deren Leistungen ein Ergebnis, den fertigen Bau, zur Folge haben. Man kann das Hervorbringen so vorstellen: Man faßt etwas Richtiges und trifft doch nie sein Wesen, das ein Herbringen ist, das vorbringt. Das Bauen bringt nämlich das Geviert *her* in ein Ding, die Brücke, und bringt das Ding als einen Ort *vor* in das schon Anwesende, das jetzt erst *durch* diesen Ort eingeräumt ist.

Hervorbringen heißt griechisch τίκτω. Zur Wurzel tec dieses Zeitwortes gehört das Wort τέχνη, Technik. Dies bedeutet für die Griechen weder Kunst noch Handwerk, sondern: etwas als dieses oder jenes so oder anders in das Anwesende erscheinen lassen. Die Griechen denken die τέχνη, das Hervorbringen, vom Erscheinenlassen her. Die so zu denkende τέχνη verbirgt sich von altersher im Tektonischen der Architektur. Sie verbirgt sich neuerdings noch und entschiedener im Technischen der Kraftmaschinentechnik. Aber das Wesen des bauenden Hervorbringens läßt sich weder aus der Baukunst noch aus dem Ingenieurbau, noch aus einer bloßen Verkoppelung beider zureichend denken. Das bauende Hervorbringen wäre *auch dann nicht* angemessen bestimmt, wollten wir es im Sinne der ursprünglich griechischen τέχνη *nur* als Erscheinenlassen denken, das ein Hervorgebrachtes als ein Anwesendes in dem schon Anwesenden anbringt.

Das Wesen des Bauens ist das Wohnenlassen. Der Wesensvollzug des Bauens ist das Errichten von Orten durch das Fügen ihrer Räume. *Nur wenn wir das Wohnen vermögen, können wir bauen.* Denken wir für eine Weile an einen Schwarzwaldhof, den vor zwei Jahrhunderten noch bäuerliches Wohnen baute. Hier hat die Inständigkeit des Vermögens, Erde und Himmel, die Göttlichen und die Sterblichen *einfältig* in die Dinge einzulassen, das Haus gerichtet. Es hat den Hof an die windgeschützte Berglehne gegen Mittag zwischen die Matten in die Nähe der Quelle gestellt. Es hat ihm das weit ausladende Schindeldach gegeben, das in geeigneter Schräge die Schneelasten trägt und tief herabreichend die Stuben gegen die Stürme der langen Winternächte schützt. Es hat den Herrgottswinkel hinter dem gemeinsamen Tisch nicht vergessen, es hat die geheiligten Plätze für Kindbett und Totenbaum, so heißt dort der Sarg, in die Stuben eingeräumt und so den verschiedenen Lebensaltern unter einem Dach das Gepräge ihres Ganges durch die Zeit vorgezeichnet. Ein Handwerk, das selber dem Wohnen entsprungen, seine Geräte und Gerüste noch als Dinge braucht, hat den Hof gebaut.

Nur wenn wir das Wohnen vermögen, können wir bauen. Der Hinweis auf den Schwarzwaldhof meint keineswegs, wir sollten und könnten zum Bauen dieser Höfe zurückkehren, sondern er veranschaulicht an einem *gewesenen* Wohnen, wie *es* zu bauen vermochte.

Das Wohnen aber ist *der Grundzug* des Seins, demgemäß die Sterblichen sind. Vielleicht kommt durch diesen Versuch, dem Wohnen und Bauen nachzudenken, um einiges deutlicher ans Licht, daß das Bauen in das Wohnen gehört und wie es von ihm sein Wesen empfängt. Genug wäre gewonnen, wenn Wohnen und Bauen in das *Fragwürdige* gelangten und so etwas *Denkwürdiges* blieben.

Daß jedoch das Denken selbst in demselben Sinn wie das Bauen, nur auf eine andere Weise, in das Wohnen gehört, mag der hier versuchte Denkweg bezeugen.

Bauen und Denken sind jeweils nach ihrer Art für das Wohnen unumgänglich. Beide sind aber auch unzulänglich für das Wohnen, solange sie abgesondert das Ihre betreiben, statt aufeinander zu hören. Dies vermögen sie, wenn beide, Bauen und Denken, dem Wohnen gehören, in ihren Grenzen bleiben und wissen, daß eines wie das andere aus der Werkstatt einer langen Erfahrung und unablässigen Übung kommt.

Wir versuchen, dem Wesen des Wohnens nachzudenken. Der nächste Schritt auf diesem Wege wäre die Frage: wie steht es mit dem Wohnen in unserer bedenklichen Zeit? Man spricht allenthalben und mit Grund von der Wohnungsnot. Man redet nicht nur, man legt Hand an. Man versucht, die Not durch Beschaffung von Wohnungen, durch die Förderung des Wohnungsbaues, durch Planung des ganzen Bauwesens zu beheben. So hart und bitter, so hemmend und bedrohlich der Mangel an Wohnungen bleibt, die *eigentliche Not des Wohnens* besteht nicht erst im Fehlen von Wohnungen. Die eigentliche Wohnungsnot ist auch älter als die Weltkriege und die Zerstörungen, älter auch denn das Ansteigen der Bevölkerungszahl auf der Erde und die Lage des Industrie-Arbeiters. Die eigentliche Not des Wohnens beruht darin, daß die Sterblichen das Wesen des Wohnens immer erst wieder suchen, daß sie *das Wohnen erst lernen müssen.* Wie, wenn die Heimatlosigkeit des Menschen darin bestünde, daß der Mensch die *eigentliche* Wohnungsnot noch gar nicht *als die* Not bedenkt? Sobald der Mensch jedoch die Heimatlosigkeit *bedenkt,* ist sie bereits kein Elend mehr. Sie ist, recht bedacht und gut behalten, der einzige Zuspruch, der die Sterblichen in das Wohnen *ruft.*

Wie anders aber können die Sterblichen diesem Zuspruch entsprechen als dadurch, daß sie an *ihrem* Teil versuchen, von sich her das Wohnen in das Volle seines Wesens zu bringen? Sie vollbringen dies, wenn sie aus dem Wohnen bauen und für das Wohnen denken.

Vortrag, gehalten am 5. August 1951 im Rahmen des „Darmstädter Gesprächs II" über „Mensch und Raum"; gedruckt in der Veröffentlichung dieses Gesprächs, Neue Darmstädter Verlagsanstalt 1952. Unser Dank gilt dem Originalverlag Günther Neske für die freundliche Genehmigung zum Abdruck.